CONTRA TODA OPOSICIÓN

DEFENDIENDO LA COSMOVISIÓN CRISTIANA

GREG L. BAHNSEN

Introducción por GARY DEMAR

Contra Toda Oposición: Defendiendo la Cosmovisión Cristiana

Copyright © Monte Alto Editorial, 2023

A menos que se indique lo contrario, las citas de las Escrituras son de la Biblia RVR1960 (Versión Reina Valera 1960) © 1960 en América Latina por Sociedades Bíblicas. Las citas marcadas con (LBLA) son tomadas de la Nueva Biblia de las Américas LBLA Copyright © 2005 por The Lockman Foundation. Las citas marcadas con (NVI) son tomadas de La Santa Biblia, Nueva Versión Internacional © 1999 por la Sociedad Bíblica Internacional. Las citas marcadas con (NTV) son tomadas de la Santa Biblia, Nueva Traducción Viviente © 2010 por Tyndale House Foundation, 2010.

Primera impresión 2023 en Colombia
ISBN: 978-628-01-1649-5

Todos los derechos reservados. Ninguna parte de esta publicación puede ser reproducida, almacenada en un sistema de recuperación o transmitida en forma alguna por ningún medio, ya sea electrónico, mecánico, fotocopiado, grabado o de otro tipo, sin el permiso previo del editor, excepto en los casos previstos por la ley de derechos de autor de los Estados Unidos.

Monte Alto Editorial
www.montealtoeditorial.com

Esta publicación se hace para la gloria de Dios y en amorosa memoria del (Rev.) Dr. Greg L. Bahnsen con la ayuda de una subvención del Rev. Dr. Atwood L. Rice III y familia.

CONTENIDO

Prefacio 7
Introducción 17

1. ¿Fe o razón? 25
2. Es imposible pensar sin presuposiciones 45
3. Fe fundamental 69
4. Razonando como un cristiano debe razonar 89
5. Los incrédulos no son neutrales y los cristianos
   no deben serlo 113
6. ¿Qué es la filosofía? 135
7. Desafíos de las cosmovisiones en competencia 155
8. Una crítica del ateísmo 177
9. El incrédulo es un creyente 197
10. Curso rápido de religión comparada 217
11. Religiones de falsificaciones bíblicas 234

Glosario 257

PREFACIO

Por Gary DeMar

En el centro de cada cosmovisión se encuentra lo que podría llamarse la "proposición fundamental" de esa visión del mundo, una proposición que se considera la verdad fundamental sobre la realidad y que sirve de criterio para determinar qué otras proposiciones pueden contar o no como candidatas a ser creídas.[1]

En la década de 1950, John C. Winston Company, que luego se convertiría en parte de Holt, Rinehart and Winston, publicó "*Adventures in Science Fiction*", una serie de treinta y seis libros de novelas juveniles de tapa dura en varios volúmenes.

Algunos de los mejores escritores de ciencia ficción del mundo comenzaron con la serie: Arthur C. Clarke, más conocido por *2001: A Space Odyssey*, Ben Bova, Lester Del Rey, Donald Wollheim y Poul Anderson. Los libros tenían un precio por unidad original de $ 200. Hoy, dependiendo de la condición y del autor, una primera edición con una sobrecubierta puede costar hasta $500.

Además de las maravillosas historias, vale la pena coleccionar los libros por la portada. Mientras que los libros

---

[1] William H. Halverson, *A Concise Introduction to Philosophy*, 4th ed. (Nueva York: Random House, 1981), 414.

están desactualizados en cuanto a tecnología (el uso de computadoras era mínimo y el correo electrónico no existía), las historias reflejan la cosmovisión moral de la América posterior a la Segunda Guerra Mundial. Además, un adolescente podría encontrar una gran cantidad de sabiduría sobre la cosmovisión esparcida a lo largo de las más de 200 páginas de estas fascinantes novelas de ciencia ficción, ya que la cosmovisión cristiana todavía era relevante.

Aquí tenemos un ejemplo de Paul Dallas *"The Lost Planet"*, una historia sobre cómo dos adolescentes evitan una guerra entre sus planetas de origen. La escena tiene lugar justo antes de que el adolescente de la Tierra aborde una nave espacial y viaje al distante planeta de Poseida:

> Mientras hablaba, el general parecía estar preocupado por la situación militar, y distraídamente colocó saleros y pimenteros con cuchillos y tenedores sobre la mesa, poniendo en frente un problema militar imaginario que puede acontecer en el campo. "Es un concepto básico", continuó, "siempre que sea posible, la mejor defensa es un buen ataque. Ahora bien, si somos atacados", y trajo una pieza de plata hacia el plato que obviamente representaba al Planeta Tierra, "no solo defendemos el punto atacado inmediatamente, sino que", y aquí varias piezas se movieron rápidamente del plato Tierra al plato de mantequilla desde donde se había originado el ataque, "contraatacamos inmediatamente en el origen de la agresión. Después de todo, si cortas la cabeza, no tienes por qué temer a los brazos.[2]

---

[2] Paul Dallas, *The Lost Planet* (Philadelphia, PA: The John C. Winston Company, 1956).

Dallas tiene al General destacando un punto crucial acerca de luchar y ganar contra un combatiente enemigo que se aplica a los debates ideológicos y teológicos. Defender la cosmovisión cristiana contra el pensamiento incrédulo requiere el entendimiento de que cada cosmovisión tiene un principio rector centralizado que sirve de suposición operativa fundamental sobre la naturaleza de la realidad. Al ir tras la cabeza, como hizo Jael con Sísara (Jueces 4–5), como hizo una mujer sin nombre con Abimelec (Jueces 9:52–55), como hizo David con Goliat (1 Sam: 17), como hizo Jesús con Satanás en la cruz en el Gólgota, "lugar de la calavera" (Juan 19:17), y lo que Jesús hizo por nosotros al aplastar a Satanás bajo nuestros pies (Rom. 16:20; cf. Gen. 3:15), la estructura de las cosmovisiones opuestas se desmorona porque la base no resiste el examen. Los cristianos tienden a atacar los síntomas, el fruto podrido del pensamiento incrédulo, en lugar de exponer la raíz que da vida al árbol. La Biblia nos dice: "El hacha ya está puesta a la raíz de los árboles" con el resultado de que "todo árbol... que no da buen fruto es cortado y echado al fuego" (Mateo 3:10; 7:19; Lucas 3:9; 13:7; Juan 15:2, 6).

La apologética bíblica significa "dar una defensa" y los cristianos la practican de diferentes maneras. Algunos apologistas cristianos tratan de apelar a los escépticos presentando un montón de hechos. Con este método probatorio, se afirma que los hechos son neutrales y "hablan por sí mismos". Otros creen que la razón sola, desprovista de presupuestos previos (una imposibilidad) es la mejor manera de defender la fe. Estos no solo son métodos apologéticos ineficaces, sino que tampoco siguen el modelo bíblico.

Incluso los científicos admiten que la neutralidad fáctica y los enfoques basados únicamente en la razón son imposibles porque "la práctica de la ciencia... se basa en una serie de presuposiciones sobre la naturaleza de la realidad" que "generalmente damos por sentadas".[3] La cuestión, sin embargo, es cómo dar cuenta de estas suposiciones previas y cómo encajan en el contexto de una cosmovisión bíblica. Eso es lo que hace Greg L. Bahnsen en "contra toda oposición" de principio a fin.

La Biblia muestra que la apologética y las cosmovisiones en general tratan con suposiciones fundamentales que guían la razón y dan sentido a los hechos. Por ejemplo, el primer versículo de la Biblia afirma sin equivocarse o defenderse: "En el principio creó Dios los cielos y la tierra" (Gén. 1:1). La suposición necesaria y operante es que Dios existe y sin Su existencia nada tiene sentido. A menos que comencemos por establecer ciertas condiciones previas, nunca estableceremos una metodología apologética válida y viable , y los ataques a la fe cristiana quedarán sin respuesta. "Apologética" no significa decir que te arrepientes de ser cristiano. Los cristianos no están llamados a disculparse por creer en Dios, por confiar en la Biblia, creer en la realidad de los milagros y la obra redentora de Jesucristo que salva a los pecadores del juicio final. "La palabra griega *apología* (de la cual derivamos la palabra 'apologética') denota un discurso pronunciado en defensa, una respuesta (especialmente en el contexto legal de un tribunal) hecha a una acusación. La palabra se originó en las operaciones judiciales de la antigua Atenas, pero también aparece varias veces en el Nuevo Testamento (Hechos 22:1; 25:16; 1 Cor. 9:3; Fil. 1:7)"[4]

Usamos la apologética todos los días. Cada vez que de-

---

[3] John D. Barrow, *The World Within the World* (New York: Oxford University Press, 1988), 24.

[4] Greg L. Bahnsen, *"The Reformation of Christian Apologetics"*, Foundations of Christian Scholarship, ed. Gary North (Vallecito, CA: Ross House Books, 1976), 194–95.

fendemos nuestra visión de un tema sobre las opiniones de los demás, estamos practicando la apologética. No es menos cierto en la defensa de la fe cristiana contra toda oposición. La Biblia nos ordena participar en la apologética:

> Pero aunque padezcas por causa de la justicia, eres bienaventurado. *ni temáis lo que ellos temen, ni tengáis miedo* (Is 8:12), sino santificad a Dios el Señor en vuestros corazones, y estad siempre preparados para presentar defensa (apología) con mansedumbre y reverencia ante todo el que os demande razón de la esperanza que hay en vosotros; teniendo buena conciencia, para que en lo que murmuran de vosotros como de malhechores, sean avergonzados los que calumnian vuestra buena conducta en Cristo. (1 Pedro 3:14-16).

Argumentar una posición no significa ser rencilloso. Es por eso que Pedro agrega, "con mansedumbre y reverencia". Nunca le dé a nadie una razón para rechazar su posición que no sea su posición en sí. Es decir, no sea un estorbo para lo que dice con su discurso o sus acciones. Este es un aspecto de carácter en la apologética. Puede ser la persona más inteligente del mundo y vencer a su oponente de todas las formas posibles y aún así perder el punto más importante. La gente podría decir: "Puede que de hecho tenga razón, pero es un verdadero idiota". La forma en que defendemos la fe es tan importante como el método que usamos para defender la fe.

Pablo hace su defensa de la cosmovisión cristiana en Atenas confrontando una cosmovisión basada en la filosofía griega. Ofrece una *apología*, una defensa de la cosmovisión cristiana frente a la cosmovisión griega prevaleciente

(Hechos 17:22–34). Pablo sabía lo suficiente sobre la filosofía griega para participar en un debate, incluso citando a algunos de sus propios poetas (17:28).

Además de hacer su defensa del cristianismo ante los filósofos griegos, Pablo hizo lo mismo cuando se enfrentó a sus propios compatriotas (Hechos 22–23) y a los funcionarios civiles romanos (24–26). Estaba listo y deseoso de defender la fe ante César (25:11,32). Pablo emplea el término *apología* en su discurso de juicio ante Festo y Agripa cuando dice: "Hago mi defensa" (26:2). El término es usado por Pablo en su carta a los filipenses cuando está "defendiendo el evangelio" (Filipenses 1:7, 16).

Pablo luchó con elementos heréticos dentro de la iglesia. Él le dijo a Timoteo, "para que mandases a algunos que no enseñen diferente doctrina, ni presten atención a fábulas y genealogías interminables, que acarrean disputas más bien que edificación de Dios que es por fe, así te encargo ahora." (1 Timoteo 1:3–4); cf. 2 Timoteo 4:2–4). Estaba contendiendo "fervientemente por la fe que ha sido una vez dada a los santos" (Judas 3). Esto significa que la apologética no solo está diseñada para quienes están fuera de la fe cristiana, sino que incluye disputas que ocurren dentro de una cosmovisión bíblica.

La mente está diseñada por Dios para (1) razonar, (2) probar, (3) investigar, (4) examinar y (5) acumular conocimiento a través del estudio de la Biblia, la creación, la historia, la experiencia y todo lo demás. pero con ciertos principios interpretativos llamados presuposiciones. Se nos ordena "probar los espíritus" (1 Juan 4:1), "examinarlo todo" y "retener lo bueno" (1 Tesalonicenses 5:21). Esta fue la metodología de Lucas (Lucas 1:1–4). Argumentar por una posición no es argumentar a favor de alguien en el reino. El propósito de un argumento es exponer la debilidad del pensamiento incrédulo y demostrar las consecuencias a largo plazo de ser consistente con las suposiciones operantes de una posición.

Los apologistas cristianos dan razones de por qué creen que lo que saben es verdad. Las audiencias pueden variar: buscadores genuinos, escépticos o incrédulos hostiles, pero el mensaje y el punto de partida son los mismos, dar testimonio de la verdad, al igual que un abogado en un juicio y ante un jurado, presentando buenos argumentos y testificando la verdad. Como un físico que asume las leyes de la física para hacer física, y el lógico, que asume las leyes de la lógica para hacer análisis lógicos, el cristiano asume la existencia de Dios, de lo contrario no hay manera de dar cuenta del cosmos y del funcionamiento del mundo, incluidas sus características físicas, lógicas y morales.

El apologista no puede usarse a sí mismo como el estándar último o incluso las supuestas opiniones expertas de otros. Además, el apologista cristiano debe reconocer que su oponente no es el árbitro final de la verdad. Nunca debemos pensar que nuestros enemigos filosóficos son el juez y el jurado para determinar si Dios es justo y Su Palabra verdadera. Nuestra tarea no es presentar la fe cristiana como una hipótesis discutible, un estudio de probabilidad o simplemente una opción religiosa entre muchas. Nunca debemos decir: "Tú eres el juez".

En una defensa bíblica de la fe cristiana, Dios no es el que está siendo juzgado. ¿Cómo puede un ser creado finito, falible y caído ser un juez competente de las cosas eternas? ¿Cómo es posible que la criatura pueda cuestionar legítimamente al Creador? Dios le pregunta a Job: "¿Es sabiduría contender con el Omnipotente? El que disputa con Dios, responda a esto." (Job 40:1). Job respondió, conociendo las limitaciones de su propia naturaleza, de la única manera que podía: "He aquí que yo soy vil; ¿qué te responderé? Mi mano pongo sobre mi boca." (40:4). Dios le hace a Job una serie de preguntas que demuestran cuán limitado es él en conocimiento y experiencia. Dios pregunta: "¿Dónde estabas tú cuando yo fundaba la tierra? Házmelo saber, si tienes inteligencia." (38:4). Job estaba tratando de descifrar el mundo y la forma en que funciona basándose en su propio marco de referencia limitado. Esta es una tarea imposible.

Al apologista cristiano no se le da la opción de adoptar una posición neutral a la hora de defender la fe. La neutralidad asume que el hombre y Dios están en igualdad de condiciones. A los cristianos se les ordena no "responder al necio según su necedad". ¿Por qué? Si tratamos de hacer esto, seremos "como él" en sus suposiciones equivocadas y seremos clasificados como necios si asumimos la neutralidad o usamos sus presuposiciones (Prov. 26:4). La Biblia asume que las cosmovisiones basadas en premisas que son contrarias a la Biblia son tonterías. Es por eso que la Escritura afirma enfáticamente, sin disculparse, que el ateo declarado es un "necio" (Salmo 14:1; 53:1).

¿Cómo una criatura insignificante que es más pequeña que un átomo en comparación con la inmensidad del universo puede ser tan dogmática? Aquí no hay mucho espacio para maniobrar. Si abandonamos los supuestos que rigen la cosmovisión cristiana *desde el principio* y argumentamos desde un punto de partida supuestamente neutral, nos colocamos en la misma categoría que el ateo, ¡todo en nombre de "defender la fe cristiana"! Esto significa que el punto de partida en la cosmovisión cristiana no es subjetivo; no es solo una supuesta opinión legítima entre muchas.

Por supuesto, al incrédulo no le gusta escuchar esto. Significa que no tiene el control. No es de extrañar que Pablo explique la realidad del pensamiento incrédulo en términos duros e intransigentes:

> Porque la palabra de la cruz es locura a los que se pierden; pero a los que se salvan, esto es, a nosotros, es poder de Dios.Pues está escrito: Destruiré la sabiduría de los sabios,Y desecharé el entendimiento de los entendidos.¿Dónde está el sabio? ¿Dónde está el escriba? ¿Dónde está el disputador de este siglo? ¿No ha enloquecido Dios la sabiduría del mundo? Pues ya que en la sabiduría de Dios, el mundo no conoció a Dios mediante la sabiduría, agradó a Dios salvar a los creyentes por la locura de la predicación. Porque los judíos piden señales, y los griegos buscan sabiduría; pero nosotros predicamos a Cristo crucificado, para los judíos ciertamente tropezadero, y para los gentiles locura; mas para los llamados, así judíos como griegos, Cristo poder de Dios, y sabiduría de Dios. Porque lo insensato de Dios es más sabio que los hombres, y lo débil de Dios es más fuerte que los hombres. (1 Corintios 1:18–25).

Una metodología apologética que afirma que un cristiano debe ser "abierto", "objetivo" y "tolerante" con todas las opiniones cuando defiende la fe, es como una persona que espera evitar que un hombre se suicide saltando con él desde el centésimo piso, con la esperanza de convencer al alma perdida en el camino hacia abajo. Nadie en su sano juicio consentiría tal tontería. Pero los cristianos lo hacen todo el tiempo cuando adoptan las presuposiciones con las que opera el pensamiento incrédulo como si fueran suposiciones neutrales acerca de la realidad.

Greg L. Bahnsen *Contra Toda Oposición* es el punto de

partida apologético definitivo para ayudar a los cristianos a desarrollar una metodología apologética bíblica sólida.

INTRODUCCIÓN

Por Gary DeMar

En febrero de 1973, Jesucristo me redimió en una taberna oscura en Ann Arbor, Michigan. Estaba en los últimos meses de mi último año en la Universidad de Western Michigan. Mi carrera atlética se había tambaleado unos años antes. Me desempeñé lo suficientemente bien como para mantener mi beca.

En diciembre de 1972, durante las vacaciones de Navidad, estaba en otra taberna, la Wooden Keg, justo al final de la calle de la Universidad de Pittsburgh, escuché una voz familiar del pasado.

La última vez que hablé con David fue en la secundaria. No hay mucho que recuerde de esa noche aparte de que comimos pizza, nos pusimos al día y descubrí que él vivía en Ann Arbor, Michigan.

Le dije a David que estaría en Ann Arbor en algún momento de febrero para participar en una competencia de atletismo bajo techo. Hicimos planes para encontrarnos nuevamente durante el día de la competencia ya que no estaba programado para competir hasta el sábado por la noche.

Por un golpe de la Divina Providencia, conocí a otra persona en Ann Arbor, pero no tenía su dirección. Después de pasar un rato con David, estábamos manejando de regreso a la arena, cuando vi un Dodge Dart azul con una placa de Pensilvania detenido en un semáforo en rojo, era Bill ¿Cómo era posible? Ann Arbor no es una ciudad universitaria pequeña. En ese momento, no me di cuenta de que Dios estaba a punto de hacer algo grande en mi vida. Me despedí de David y me dirigí al auto de Bill. Nunca volví a ver a David. Dios trabaja de maneras misteriosas. Bill me llevó a la reunión, hice mi participación atlética y pasé las siguientes horas en esa taberna de Ann Arbor donde escuché el evangelio. Mi vida cambió en un instante mientras regresaba a la casa donde vivía con un traficante de drogas, un vagabundo que se parecía a Charles Manson y algunos otros ocupantes de mala reputación. Como era de esperar, mi fe cristiana se convirtió en un problema, pero carecía de la capacidad de ofrecer una defensa coherente.

Me gradué de la universidad unos meses más tarde y al cabo de un año era estudiante en el Seminario Teológico Reformado en Jackson, Mississippi, donde estaba tomando cursos de griego, hebreo, teología sistemática, historia de la iglesia, hermenéutica y apologética.

Fue en RTS donde conocí a Greg L. Bahnsen, quien era profesor asociado de apologética y ética y trabajaba en su doctorado.

Si bien ambos éramos nuevos en el seminario, yo era nuevo en todo. Greg era un teólogo y apologista brillante, y yo era un estudiante que tenía mucho que aprender. En unos pocos años, Greg y yo nos hicimos amigos. Pero él siempre fue el maestro y yo siempre fui el alumno, y eso estaba bien para mí.

Con el tiempo, Greg y yo trabajamos juntos en algunas conferencias y proyectos editoriales. Su libro *Always Ready* incluye artículos que escribió para *American Vision's Biblical Worldview Magazine*.

Durante tres años, Greg habló en las conferencias de preparación para la vida de American Vision en la década de 1990. Fue el orador principal de cada uno de los tres años que habló. Los jóvenes asistentes le dieron una ovación de pie tras sus mensajes llenos de información en cada una de las conferencias. Estaba en constante demanda mientras los jóvenes lo bombardearon con preguntas sobre cómo aplicar el modelo presuposicional a varias situaciones y preguntas.

Nuestra amistad demuestra que Dios tiene sentido del humor al ponernos juntos. Mi licenciatura es en Educación Física. En 1970, Greg se graduó *magna cum laude* de Westmont College, recibió su licenciatura en filosofía y el premio John Bunyan Smith por su promedio general de calificaciones. De allí pasó al Seminario Teológico de Westminster en Filadelfia, donde estudió con el Dr. Cornelius Van Til.

Cuando Greg se graduó en mayo de 1973, recibió simultáneamente dos títulos, Maestría en Divinidad y Maestría en Teología, así como el Premio William Benton Greene en apologética y una Beca Richard Weaver del Instituto de Estudios Intercolegiales. Luego ingresó al Ph.D. Programa en la Universidad del Sur de California, donde estudió filosofía, especializándose en la teoría del conocimiento, y recibió su Ph.D. en 1978 mientras enseñaba a tiempo completo en el Seminario Teológico Reformado en Jackson, Mississippi.

Yo y muchos otros quedamos devastados por la noticia de su prematura muerte en diciembre de 1995. ¿Quién lo reemplazaría? ¿Quién *podría* reemplazarlo? Nadie puede. Ha sido un privilegio publicar una edición impresa de los mensajes de Greg en la primera Conferencia de preparación para la vida de American Vision titulada *Pushing the Antithesis*. American Vision también publicó el manuscrito perdido hace mucho tiempo del libro *Presuppositional Apologetics: Stated and Defended* (2008) de Greg.

Ahora llegamos a *Contra Toda Oposición*. No hace mucho comencé a escuchar las charlas que Greg dio en la segunda Conferencia de Preparación para la Vida de American Vision. Me sorprendió lo divertido, básico e impactante que era el material. Muchos libros que tratan sobre la apologética bíblica dan demasiada importancia al lector. La mayoría de los cristianos no tienen el tiempo o la inclinación para estudiar el tema en profundidad.

Para hacer que la apologética bíblica sea accesible a más cristianos (especialmente a los jóvenes) American Vision decidió transcribir y editar las conferencias y publicarlas de una manera que beneficiaría un interés creciente en la apologética bíblica desde una perspectiva presuposicional.

Mientras hurgaba en una caja de papeles y artículos de revistas, encontré una carta que me envió Greg con fecha del 30 de octubre de 1985:

> Escribo a algunos "amigos presuposicionalistas" con la esperanza de que podamos trabajar juntos en un proyecto particular que promoverá y defenderá públicamente este enfoque de la apologética. Necesitamos aprovechar tales oportunidades, especialmente por-

que hoy en día son muy pocos los seminarios que capacitan a los hombres en esta perspectiva y porque "el método tradicional" se está popularizando e impulsando nuevamente en los círculos reformados.

El objetivo a largo plazo de American Vision es continuar y mejorar el legado del trabajo del Dr. Greg L. Bahnsen para la gloria de Dios y el avance de Su reino.

"*No debemos conformarnos con presentar el cristianismo como la posición más fiable entre las opciones disponibles. Más bien, la fe cristiana es la única perspectiva razonable disponible al hombre*"

— Greg L. Bahnsen,

Apologética presuposicional: declarada y defendida.

CAPÍTULO 1
¿FE O RAZÓN?

En el Aeropuerto del Condado de Orange, de camino a Atlanta, Georgia, vía Chicago, tuve una experiencia interesante. Una viejecita estaba delante de mí en la fila. Se acercó al mostrador y dijo: "El número en mi boleto dice que debo subirme a este avión, pero voy a Hartford".

El agente miró el boleto y dijo: "Sí, señora. Irá a Chicago y luego cambiará de avión e irá a Hartford". Ella dijo: "Se supone que debo ir a Hartford, no a Chicago". El agente dijo: "Sí, así es. Primero irá a Chicago y luego cambiará de avión e irá a Hartford". Ella pensó por un minuto y dijo: "Oh, está bien".

Ella fue y se sentó, y luego me acerqué al mostrador. Y justo en ese momento, saltó de su asiento y dijo: "Pero en el tablero de vuelo dice Chicago, Boston", "Sí", dijo el agente, "va a ir a Chicago, se baja del avión y luego se sube a un avión para Hartford. La gente que va a Boston se quedará en el avión en el que vuela". "Pero dice Boston".

Ahora usted sabe cuál era el problema. Sabe que era sencillo. Era fácil de entender, pero la señora estaba intimidada. Tenía miedo de ir al lugar equivocado. Tenía miedo de que si se subía a este avión, aunque podía cambiar de avión en Chicago, terminaría en Boston, y no era allí a donde quería ir.

Los incrédulos son, en cierto modo, todo lo contrario de esta dama. Han elegido una forma de ver el mundo y una forma de pensar y una forma de vivir que los llevará a Boston, por así decirlo. Creen que pueden bajarse del avión en Chicago, pero no pueden.

Quiero enseñar a los creyentes a no dejar que los incrédulos bajen del avión usando su propio razonamiento autónomo y negando al Dios de la Biblia mostrándoles cuán inútil es su sistema de creencias. Cuando hayan elegido una cosmovisión, asegúrese de que sepan que van hasta Boston, lo que en este caso significa ir hasta el infierno.

Eso no significa simplemente que después de pasar por esta vida, enfrentarán el juicio de Dios y estarán aterrorizados por el resto de la eternidad. Eso es el infierno, pero el infierno ya comenzó en la tierra para aquellos que no conocen la fuente de la vida, Jesucristo. El infierno ha comenzado en la tierra, no solo porque sus vidas familiares están en mal estado, no solo porque su estado psicológico está en mal estado, no solo porque hay problemas sociales que experimentan, sino también por lo que les ha sucedido intelectualmente.

Los incrédulos normalmente no admiten que las cosas están realmente mal intelectualmente, pero lo están, sin embargo. Los incrédulos están camino a Boston **(todas las implicaciones de su sistema de creencias)**, pero creen que pueden bajarse en Chicago **(tomando prestado el capital intelectual y moral de la cosmovisión cristiana, por lo que no se aplican de forma coherente todas las implicaciones de su pensamiento)**. Piensan que hay una manera de bajar del avión, pero no la hay, excepto por la cosmovisión contraria que se encuentra solo en la Biblia.

> *Los incrédulos han escogido una forma de ver el mundo, incluyendo cómo saben lo que saben y cómo deben vivir sus vidas, lo que es contrario a lo que enseña la Biblia.*

Los incrédulos han escogido una forma de ver el mundo, incluyendo cómo saben lo que saben y cómo deben vivir sus vidas, lo que es contrario a lo que enseña la Biblia. Y debido a que eligieron eso, se encuentran en un avión que se dirige a un lugar al que no quieren ir y están buscando un lugar para salir de apuros, pero no hay uno. Voy a enseñarle cómo defender su fe cristiana llevando su visión del mundo, su fe, hasta Boston, por así decirlo.

LOS HECHOS NO SON SUFICIENTES

Los hechos no son lo que realmente está en juego, aunque algunas veces lo parezca. Con demasiada frecuencia, se nos hace creer que si pudiéramos reunir mejor evidencia histórica, o mejor evidencia científica, o mejor evidencia psicológica, o cualquiera que sea el campo, si pudiéramos tan solo obtener los hechos, entonces ganaríamos el respeto de los incrédulos. Pero ahí no es donde realmente está el problema. Habiendo dicho eso, también es cierto que necesita conocer los hechos; de hecho, necesita conocer los hechos mejor que su oponente. Eso puede parecer intimidante, pero es posible.

¿Recuerda la historia bíblica de Gedeón en el capítulo

siete del libro de Jueces acerca de cómo Gedeón hizo huir a los madianitas aterrorizados? Dio a cada uno de sus soldados la marca del líder de una banda de soldados; le dio la luz que guiaría al ejército a la batalla. Cuando los madianitas miraron hacia arriba y vieron todas estas luces, dijeron: «Debe haber un gran ejército detrás de ellos». No había, pero como pensaban que había tantos allí, se fueron asustados y Gedeón se echó sobre ellos.

Los incrédulos practican esta estrategia de Gedeón: dan la impresión de que están familiarizados con lo que está pasando, que conocen todas las opciones, que han leído todos los libros y que están muy por delante del juego.

No quiero ser poco realista y simplemente darle la vuelta y pretender que conocemos todas las opciones y las sabemos mejor que ellos, pero quiero que recuerden que son finitos, y no solo finitos sino perezosos, y no solo perezoso sino prejuiciosos. Cuando entran en una determinada forma de pensar, tienden a prestar atención sólo a lo que sigue esa línea de pensamiento. No prestan atención a otros argumentos. A veces, de hecho, solo están mintiendo.

Puedo decir esto porque he saltado todos los obstáculos. He demostrado que puedo memorizar como los demás, puedo hacer notas al pie como los demás, puedo hacer esto, puedo hacer aquello, solo para poder jugar su juego, he pasado por todo eso. Cualquiera que haya pasado por la escuela de posgrado como cristiano y haya salido con vida sabe de lo que estoy hablando. usted juega el juego; aprende a hacerlo.

He hecho esto durante mucho tiempo y estoy seguro de que el 90% de las personas que se oponen al cristianismo no conocen realmente el cristianismo. Eso puede parecer notable. Podrías pensar, "El evangelio es tan simple. Está en cada esquina de la calle. Hay iglesias por todas partes. Todos ellos deben saber lo que es el evangelio. Estas personas lo saben, pero han decidido que no es verdad".

También estoy convencido de que no entienden lo que es. No conocen su cosmovisión tan bien como usted, ni entienden que la cosmovisión que tienen los está llevando al infierno.

Quiero que vea el antagonismo del incrédulo y que sepa que los hechos, o lo que se llama hechos, como las cosas que puede ver con tus ojos, no son lo que le separa del incrédulo. Lo que los separa es la cosmovisión subyacente. Es la filosofía, no los hechos.

LA FE NO ES CONTRARIA A LA RAZÓN

Todo el mundo hace filosofía, pero no todo el mundo lo hace bien.[5] Si puedo enseñarle algo sobre principios filosóficos, le habré hecho un favor, porque podrá aplicar esto a cualquier campo de estudio al que se dedique.

> *Empecemos por darnos cuenta de que aunque estemos defendiendo la fe cristiana, lo vamos a hacer racionalmente; vamos a usar nuestro intelecto.*

Empecemos por darnos cuenta de que aunque estemos defendiendo la fe cristiana, lo vamos a hacer racionalmen-

---
[5] John M. Frame, *We Are All Philosophers: A Christian Introduction to Seven Fundamental Questions* (Bellingham, WA: Lexham Press, 2019).

te; vamos a usar nuestro intelecto. A lo que nos adherimos se llama "la fe".

Según un viejo dicho, "La fe es creer lo que sabes que no es verdad". En otras palabras, la fe es una cosa y la racionalidad es otra. Al diablo le encantaría que usted creyera eso. Tristemente, hay algunos que profesan seguir a Jesucristo pero son agentes secretos del diablo porque también le animarán a pensar de esa manera, que tenemos intelecto y racionalidad por aquí y fe por allá. "La fe es creer lo que sabes que no es verdad."

Y si esa es su forma de pensar, entonces no tiene que preocuparse por nada que encuentre, ¿verdad? Si la fe es creer lo que sabe que no es verdad, entonces cuanto más me demuestre que no puedo creer esto, más religioso seré para aferrarme a ello.

He conocido personas, incluidos teólogos, que dicen este tipo de tonterías. He conocido personas que viven sus vidas de esta manera. Es como un estudiante de biología que dice que ha llegado a creer que no se puede confiar en la Biblia. Él dirá: "Científicamente, todo está mal, solo es un antiguo libro de superstición".

Pero yo pregunto: "Entonces, ¿por qué crees en los milagros de Jesús y su resurrección?"

"Sé que es imposible. Entiendo que me han enseñado eso, pero eso lo hace aún más religioso y espiritual. Me aferro a Jesús por la fe".

¿Ve lo insultante que es para el Señor de la Historia decir: «Me aferro a ti, Jesús, sabiendo que no eres verdadero"? ¡Qué insulto! Espero que ahora pueda ver lo que estoy diciendo: la fe no es de ninguna manera creer lo que sabes que no es verdad.

Sin embargo, sé que en nuestra sociedad, este concepto de fe es muy popular. Hay una tendencia entre las personas cuando quieren creer algo bastante fantástico, como que los ovnis han venido a visitarnos, por ejemplo, o algo que se considerará deplorable o patético, o incluso cuando continúan honrando a algún político que ha sido desacreditado, acostumbran a decir: "Solo tengo fe".

Pero ¿hay alguna evidencia de lo que ellos creen? No, o al menos es bastante escasa o discutible. Es extremadamente difícil creer que conduce a que afirmen eso. Se aferran a esas convicciones muy fuertemente, muy personalmente. E incluso si lo que creen no parece ser cierto, y parece haber una muy buena razón para no creerlo, persisten en su convicción porque creen que lo creen por fe.

Hay una tendencia entre las personas cuando quieren creer en algo bastante fantástico o algo que se considerará deplorable o patético, o incluso cuando continúan honrando a algún político que ha sido desacreditado, a decir: "Solo tengo fe".

Seguro usted ha visto esto en los periódicos, en la televisión y en lo que las películas presentan como religión. Este es el concepto general que la gente tiene acerca de la fe. La fe es creer cosas para las que hay muy poca razón o creer cosas para las que hay muchas razones para no creerlas. La fe pasa entonces a ser vista como irracional o contraria a la razón. La fe es vista como un compromiso personal contra todos los obstáculos que se interponen en el camino, todos los obstáculos de ser honesto y razonable y mirar la evidencia. Dirán: "Me aferro a esta convicción porque tengo fe".

Como cristiano, como alguien conocido por tener fe y como alguien que anima a otros a tener fe, usted será inmediatamente malinterpretado como alguien que está llamando a la crucifixión del intelecto.

Los incrédulos piensan que tener fe significa dejar volar las emociones y apagar el cerebro. Piensan que los cristianos viven en dos mundos. Viven en este mundo emocional, lleno de todas estas cosas que hacen los domingos por la mañana, pero luego de lunes a viernes (y a veces los sábados) sus cerebros vuelven a funcionar. Ve a la iglesia, apaga el cerebro; ve a la escuela, enciende el cerebro. La fe significa que el cerebro está apagado y las emociones están funcionando con un alto grado de voluntad y compromiso personal.

> *Los incrédulos piensan que tener fe significa abandonarse a sus emociones y apagar su cerebro*

Tome esta definición de fe del *Diccionario de Filosofía*. Este artículo es de un hombre que enseña en el campo de la filosofía, por lo que debería saberlo mejor. Peter Ángeles define la fe como "creer en algo a pesar de la evidencia en contra" y "creer en algo a pesar de la ausencia de evidencia".[6] Dado cualquiera de estos malentendidos populares del término, por el cual el llamado cristiano a la "fe" se concibe como contrario a la razón o al menos sin razones, claro que el cristianismo parece bastante irracional. La "fe" se convierte en una palabra de moda para poner el intelecto fuera del camino, suspender una actitud cautelosa y crítica hacia las cosas y hacer un compromiso personal sin pruebas sólidas.

---

[6] Peter A. Angeles, *Dictionary of Philosophy* (New York: Barnes & Noble, 1981), 94.

Si alguien acepta esta definición de fe, entonces nosotros, como cristianos, que afirmamos tener fe en la Biblia y fe en el Señor Jesucristo: van a ser vistos como personas irracionales, personas que han apagado sus cerebros y están dejando correr sus emociones, personas que tienen un alto grado de compromiso volitivo.

De esta manera, la fe se convierte en una palabra de moda para vivir en dos mundos, y será despreciado por tener este concepto de fe. La gente pensará que es estúpido, y si acepta ese concepto de fe, está de acuerdo con ellos.

APAGAR NUESTROS CEREBROS NO ES FE

Confío en que usted no quiera seguir ese entendimiento de la fe porque sí quiere estar preparado para enfrentar los desafíos intelectuales de la vida. Usted quiere ser capaz de lidiar con la oposición al cristianismo, y no decir: "Bueno, no nos preocupamos si es verdadero o falso; simplemente apagamos nuestros cerebros y disfrutamos sintiéndonos bien con Jesús".

La Biblia no enseña ese punto de vista de la fe, y porque no lo hace, creo que es justo decir, sin tratar de ser grosero, que es estúpido creer ese punto de vista de la fe. Sería mejor decir que el cristianismo no es verdadero, pero me hace sentir bien, así como la creencia en Santa Claus me hacía sentir bien. Sería preferible decir eso de Jesús que decir: "Creo en Jesús porque tengo fe, aunque sé que no es verdad".

Ciertas personas que conozca verán el cristianismo como irracional, pero no todas las personas querrán decir lo mismo con eso. Voy a mostrarles algunas distinciones aquí para que puedan entender muy claramente los diferentes tipos de irracionalidad de los que se les puede acusar.

Algunas personas afirman que la idea de que Dios se hizo hombre (la encarnación) es una contradicción lógica. Para ellos, esta idea de que existe un Dios-hombre es incoherente. Es una violación de las supuestas leyes de la lógica. Cuando acusan al cristianismo de ser irracional, lo que quieren decir es que es contrario a las reglas de la lógica; es ilógico. Esa es una forma de ser irracional: violar las leyes de la lógica. Cuando alguien dice que el cristianismo es irracional, podría querer decir que cree cosas (como la Trinidad o la encarnación) que son ilógicas.

Aquí hay otra forma en que los cristianos pueden ser considerados irracionales: no hay una base observable, científica o histórica para las magníficas afirmaciones que se hacen en la Biblia y, sin embargo, usted las cree. Por ejemplo, la Biblia dice que Jesús multiplicó los panes y los peces, y que resucitó de entre los muertos. Cuando alguien afirma que creer en estos eventos es irracional, lo que quiere decir es que no hay evidencia para ellos, ninguna explicación científica para ellos. Están afirmando que hay defectos empíricos en las afirmaciones hechas por los cristianos, o en las afirmaciones que se encuentran en la Biblia.

RACIONALISMO Y EMPIRISMO

Permítanme explicar lo que quiero decir con esto. En el mundo antiguo, entre los filósofos griegos, había dos enfoques básicos para hacer filosofía: pensar es creer y ver es creer. En el primer enfoque, si lo simplificamos, algunos filósofos dijeron: "Si quieres descifrar el mundo, debes detenerte y pensar en él". En otras palabras, ve a tu silla favorita, siéntate y reflexiona. Los filósofos que siguieron esta técnica de "detenerse y pensar" eran **racionalistas**.

Ellos creían que necesitaban ideas claras y distintas que fueran coherentes entre sí. Para ellos, lo importante era la vida de la mente y asegurarse de que las ideas no entrarán en conflicto entre sí.

> *Los filósofos que siguieron la técnica de detenerse y pensar eran "racionalistas".*

Otros filósofos fueron menos pacientes con este enfoque. Su enfoque era el método de "ir, mirar y ver" para descifrar el mundo. Dirían: "Lo que sea que imaginé sentado, está especulando y usando su razón. Pero tenemos que dar sentido a lo que encontramos en el mundo: lo que vemos, lo que tocamos y lo que saboreamos. Necesitamos tener los hechos". Esto es en gran medida lo que los estadounidenses creen que son "los hechos". Los hechos son lo que puedes tocar y lo que puedes ver.

> *Los filósofos del tipo "ver para creer" son conocidos como "empiristas".*

Estos filósofos eran del tipo "ver-es-creer" y son conocidos como "**empiristas**". Esto es lo que quiero decir con empírico: una forma de saber que depende de la observación y la experiencia personal con los sentidos. Entonces, algunas personas critican al cristianismo como irracional porque es contrario a la evidencia empírica.

Esas son dos formas en las que podrías ser criticado por ser irracional: (1) que crees en las afirmaciones hechas en la Biblia incluso aunque no haya ninguna prueba empírica para ellas o (2) que las afirmaciones hechas en la Biblia, que usted cree, están en conflicto lógico entre sí.

Tales críticos encontrarán lo que ven como imperfecciones específicas en el cristianismo y las perseguirán. Podrían decir: "¿Cómo puede creer que la cabeza de un hacha puede flotar (2 Reyes 6:1–7)? ¿Cómo puede creer en la creación, la creación especial del hombre? ¿Cómo puede creer que un hombre, Jesús, es en realidad Dios?" Usted puede pensar: "Vaya, estas son críticas bastante fuertes", pero estas son las más fáciles, porque si se trata de eso, todo lo que necesitamos mostrar es que nuestros diversos dogmas son lógicamente consistentes con nuestras suposiciones operativas. Solo tenemos que demostrar que estas cosas no están en conflicto con los principios conocidos de la ciencia o la historiografía u otras disciplinas.

Volveremos a esto, pero ahora quiero tratar con la acusación más dura de ser irracional. Mucho más viciosa es la afirmación de los críticos que dicen que ser religioso o ser cristiano es dedicarse a creer el absurdo por su absurdidad. Quiero hacer un punto aquí, una distinción que es muy importante. Creo que Jesús resucitó de entre los muertos, y alguien podría decir: "Eso es absurdo", y lo que quiere decir es que es empíricamente defectuoso creer ese tipo de cosas, que no es científico. No me refiero a ese tipo de críticas. Me refiero a la crítica que dice: "Crees algo que es absurdo solo porque es absurdo", que es la concepción de la fe que tiene mucha gente.

Mucha gente piensa que los creyentes religiosos se glorían de que su fe no tiene un sustento racional, que se glorían de que aparentemente es falsa, que hay que refrendarla frente al sentido común y frente a razones contrarias.

CRISTIANISMO Y LÓGICA

Lamentablemente, los incrédulos que piensan de esta manera a menudo han recibido la ayuda de ciertos teólogos cristianos que dirán que el cristianismo es indiferente a la lógica. De hecho, se pone tan mal entre los teólogos **neo-ortodoxos** que a veces son incluso indiferentes a la verdad. Y en un sentido de la palabra "religioso", eso es algo muy religioso de hacer. De hecho, es un sentido que deberíamos reconocer incluso entre los cristianos evangélicos. Es decir, sostener algo religiosamente significa que estás comprometido, que tienes fe en ello, que te vas a aferrar a ello, a pesar del ridículo que conlleva.

Ahora, la Biblia sí habla de esto. La Biblia dice que el mundo llamará a lo que creemos "locura". En otras palabras, ser realmente religioso significa aferrarse a algo que parece una tontería, aunque no lo sea. Pero en el caso del que estoy hablando, tenemos personas que se aferran a cosas que *ellos mismos* dicen que son tontas, y simplemente porque estas cosas parecen tontas o absurdas, están siendo muy religiosos al aferrarse a ellas.

Por ejemplo, supongamos que usted llega a la universidad y se entera de que su compañero de cuarto está deseando que llegue la Navidad porque cree que llegará Papá Noel. Cuando habla con él o ella, le dice: "¿Se da cuenta de que Santa Claus no existe?" Y él o ella responde: "Sí, todas las pruebas están en contra, estoy de acuerdo, pero soy muy fiel a la idea de Santa Claus. Esta idea de que hay un Papá Noel se ha apoderado tanto de mi corazón que le he dado mi vida a Papá Noel". ¿Diría usted que esta persona tiene mucha "devoción religiosa"? Ciertamente hay un sentido en el que podríamos llamar a esto religioso. Su compañero de cuarto se aferra a la creencia en Santa Claus, incluso en contra de los hechos.

Hay gente que piensa que ser religioso es algo así, creer algo que es absurdo sólo porque es absurdo. Como cristianos, a menudo se nos coloca en esta categoría. Hay personas que piensan que elevamos el valor de nuestra fe personal en proporción directa, al grado en que nuestra fe es dudosa, ciega o mística, según ellos los creyentes deberían degradar el valor de su fe en la medida en que su fe concuerde con el sentido común.

LOS CRISTIANOS CREEN ¿PORQUE ES ABSURDO?

Friedrich Nietzsche (1844-1900), que era un filósofo demente, escribió en su libro *The Antichrist: Attempt at a Critique of Christianity*, sobre su burla hacia la actitud que dice que la fe debe alinearse con los hechos, diciendo, creencia (fe) significa "no querer saber lo que es verdad".[7] Fe significa aferrarse al absurdo porque es absurdo.[8] Toda crítica en este sentido surge de un error muy fundamental sobre la naturaleza de la fe cristiana.

Uno de los mejores libros escritos en el siglo XX (y todavía lo es) fue escrito por J. Gresham Machen (1881–1937) titulado ¿Qué es la fe? Machen fue un teólogo presbiteriano que peleó la batalla apologética con eruditos seculares, liberales en la iglesia y no creyentes fuera de la iglesia. En

---

[7] *The Antichrist.* Written in 1888 but published in 1895. Sec. 52.
[8] Credo quia absurdum is a Latin phrase that means "I believe because it is absurd," often misattributed to Tertullian (c. 155–c. 240) in his De Carne Christi.

su libro, Machen escribió: "Creemos que el cristianismo no florece en la oscuridad, sino en la luz".[9] Dijo que el Espíritu Santo traería un despertar en la Iglesia y que una de las formas en que el Espíritu Santo haría esto sería a través del despertar del intelecto.

Machen no quería que la gente creyera en el evangelio porque sonaba bien, aunque los científicos e historiadores les dijeron que no podía ser verdad. Resistió lo que llamó "la oposición desastrosa que se ha establecido entre el conocimiento y la fe".[10] Él escribió: "La fe no necesita ser demasiado humilde o muy defendida ante el tribunal de la razón. La fe cristiana es algo completamente razonable".[11] ¿Somos irracionales porque creemos lo absurdo? No. Creemos lo que *parece* ser absurdo para el mundo. Nuestro trabajo es mostrarle al mundo que lo que cree es, de hecho, es lo verdaderamente absurdo. Volviendo a mi metáfora: están en el avión que se dirige directamente a Boston, pensando que pueden bajarse en Chicago.

> *J. Gresham Machen escribió:*
> *"La fe no necesita ser demasiado humilde o*
> *muy defendida ante el tribunal de la razón.*
> *La fe cristiana es algo completamente razonable".*

Independientemente de lo que digan ciertos portavoces descarriados, la Biblia no es indiferente a los errores lógicos o errores fácticos. Fue para reivindicar la verdad de sus afirmaciones religiosas que Moisés desafió a los magos de la corte de Faraón (Ex. 7:8–13; 2 Tim. 3:8–9). Fue

---

[9] J. Gresham Machen, *What is Faith?* (Grand Rapids, MI: Eerdmans, 1925), 18.
[10] Machen, *What is Faith?*, 26.
[11] Machen, *What is Faith?*, 243.

para reivindicar la verdad de sus convicciones religiosas que Elías compitió y se burló de los sacerdotes de Baal en el Monte Carmelo (1 Reyes 18:16-45). Los profetas del Antiguo Testamento sabían que se demostraría que sus palabras eran verdaderas cuando sus predicciones se cumplieran en la historia para que todos las vieran.

Cuando Jesús vino a este mundo, afirmó ser la Verdad. Su resurrección fue una poderosa señal y prodigio que proveyó evidencia de la veracidad de Sus afirmaciones y del mensaje apostólico basado en Sus afirmaciones.

En 1 Corintios 1 y 2, después de que el apóstol Pablo estuvo en el centro de la filosofía griega en Atenas (Hechos 17:16-34), deja Atenas y escribe a Corinto. Es importante leer lo que dice en esos dos primeros capítulos sobre la relación de la fe y la razón. "A pesar de lo que los judíos y los griegos puedan pensar", escribió, "el evangelio es de hecho la sabiduría misma de Dios que destruye la arrogancia de la filosofía mundana" (1 Corintios 1:18-25). De manera similar, en 1 Timoteo 6:20, Pablo habló de las pretensiones de conocimiento "falsamente llamadas".

Pablo estaba ansioso por razonar con la gente acerca de Jesucristo, no porque no haya lugar para la fe, sino porque la fe no es contraria a la razón. De hecho, resulta que la fe es el fundamento mismo del razonamiento hasta el punto de que aquellos que afirman que la razón es el fundamento del conocimiento deben tener fe en que así es.

Hoy, hay una reversión. La mayoría de la gente piensa que debemos pararnos en la plataforma de la razón y luego quizás encontrar un lugar para la fe. Pero Pablo dice que si no tienes fe en el Dios de la Biblia, no hay lugar para la razón. "¿Dónde está el sabio? ¿Dónde está el escriba?

¿Dónde está el disputador de este siglo?" Pablo pregunta. Traiganlos, estamos listos para ellos. "¿No ha enloquecido Dios la sabiduría de este mundo?" (1 Cor. 1:20).

Dios ha continuado enloqueciendo la sabiduría de este mundo desde el primer siglo hasta el día de hoy. Dios continuará en la labor de hacer que aquellos que promueven la razón contra la fe queden como tontos. Y Él va a hacer ese trabajo a través de usted. Puede que le resulte difícil de creer. Mucha gente le mira puede encontrar esto difícil de creer. Pero Dios está en el negocio de hacer cosas asombrosas.

Hubo un día en que mucha gente no hubiera apostado por David. Aquí está este pequeño pastor desaliñado, demasiado bajo para ser un rey, sin equipo adecuado, sin las armas adecuadas, todo lo que tiene es una honda contra el gigante del mundo. ¡Qué gran lección! Espero que no haya guardado esa historia en la escuela dominical como una fantasía. Dios hace grandes cosas con instrumentos débiles. Seguirá haciendo desmoronarse la sabiduría de este mundo ante los que no tenemos más que una honda y unas cuantas preguntas bien escogidas para demostrar que el avión de la incredulidad sigue rumbo a Boston justo donde los incrédulos no quieren ir con sus suposiciones erróneas sobre el mundo y cómo funciona.

GLOSARIO

Deísmo: Dios existe, pero no interactúa con Su creación.

Empirismo: La opinión de que la experiencia sensorial es la base del conocimiento humano. Ver es creer.
Neo-ortodoxia: Una reacción al liberalismo. Enseña que

la Biblia no es la Palabra de Dios, sino una serie de proposiciones que se deben creer para que se convierta en la Palabra de Dios para la persona que la lee y actúa en consecuencia. De esta manera se encuentra y experimenta la verdadera Palabra (Jesús). Muchos de los eventos registrados en la Biblia no son históricos (ej. la resurrección de Jesús) y no necesitan serlo. No hay un estándar fijo de verdad.

Panteísmo: De dos palabras griegas, *pan* que significa "todo" y *theos* que significa "Dios". Según las Escrituras, Dios es distinto de Su creación: "En el principio creó Dios los cielos y la tierra" (Gén. 1:1). Si el cosmos dejará de existir, Dios seguiría existiendo. El panteísmo enseña que todo es uno, por lo tanto, todo es Dios. Todas las cosas componen lo que algunas personas afirman que es "Dios".

Racionalismo: Del latín *ratio* "razón". (1) La opinión de que la razón humana es el juez final de lo que es verdadero y falso, correcto e incorrecto. (2) La posición filosófica de que se debe confiar en la razón humana por encima de la experiencia sensorial humana.

Trascendencia (bíblica): La opinión de que Dios existe por encima e independientemente de todo lo que Él creó (contra el **panteísmo**) y, sin embargo, es cognoscible y actúa en y entre Su creación (contra el **deísmo**).

Trascendencia (no bíblica): El argumento de que Dios está tan lejos de nosotros que no podemos conocerlo o hablar verdaderamente de Él. En este sentido, los teólogos modernos a veces dicen que Dios es "totalmente otro" o "totalmente oculto".

PREGUNTAS PARA DISCUSIÓN

1. ¿Qué separa realmente al creyente del incrédulo? ¿Es la fe? Explique.

2. "Tener fe" a menudo ¿qué significa para los incrédulos?

3. Cuando los incrédulos afirman que el cristianismo es irracional, ¿qué quieren decir?

4. ¿De qué manera son los dogmas cristianos "lógicamente consistentes"?

5. ¿Cuáles son las dos formas en que a veces se critica a los cristianos por ser irracionales?

6. Explique lo que J. Gresham Machen quiere decir cuando afirma que "la fe cristiana es algo totalmente razonable".

7. ¿Enseña la neo-ortodoxia que Jesús es Dios?

8. ¿Qué quiso decir el apóstol Pablo cuando escribió que si no tienes fe, no hay lugar para la razón?

CAPÍTULO 2
ES IMPOSIBLE PENSAR SIN PRESUPOSICIONES

En el capítulo anterior, vimos que la gente ve la fe como irracional porque es contraria a las leyes de la lógica o en conflicto con la evidencia empírica, o que la fe es creer lo que es absurdo solo porque es absurdo. Pero la fe también se ve a veces como contraria a la prueba, y ese es un concepto ligeramente diferente de los que ya hemos considerado.

Las primeras dos nociones que hemos visto (que la fe viola las **leyes de la lógica** o es contraria a la evidencia empírica) consideran que la fe cristiana es falsa porque es ilógica o porque es contraria a los hechos. En el tercer caso, la fe cristiana es falsa porque es absurda, y algunas personas piensan que eso es maravilloso: debe ser absurdo, porque así mi creencia en ella realmente es *fe*.

La cuarta noción pertenece a una categoría diferente. Las personas que sostienen este punto de vista no dicen que la fe cristiana implica creer lo que es falso. Más bien, dicen que implica creer algo contrario a las pruebas.

La gente a menudo protestará contra la presencia de cualquier actitud de fe en la visión que una persona tiene de

Dios o de su filosofía, sosteniendo muy arrogantemente —y también, para ser honesto, ingenuamente— que no creeran en nada que no se les haya probado primero a ellos. Serán guiados por la prueba, no por la fe. "No soy como ustedes, gente de mente débil; necesito pruebas."

PADRE DE LA ILUSTRACIÓN

Las personas que dicen este tipo de cosas suelen pensar que su pensamiento es el espíritu de René Descartes. Descartes (1596-1650) fue un filósofo que a menudo se considera el padre de la **Ilustración** y, sin duda, el padre de un espíritu y una filosofía **autónomos**. Fue un erudito francés, un teórico que inició la era de la razón.

A Descartes le preocupaba que la gente se esforzara por realizar y seguir un método fiable para llegar a sus creencias. Quería un método que condujera a la verdad, en lugar de al error. Quería una receta para clasificar la superstición, la ceguera y las nociones engañosas, de modo que si siguiéramos esta receta, finalmente no tendríamos nada más que creer que la verdad.

Según Descartes, ese método requería dudar y criticar todo lo que pueda y no aceptar nada como verdad que no reconocieras claramente como verdad porque sobrevivió al método de la duda. Si puedes dudarlo, no confíes en eso. Pero si encuentra algo de lo que no puede dudar, entonces se convierte en un punto de partida para el conocimiento. Puede que usted no sea un filósofo en formación pero , tal vez se le haya ocurrido un enfoque como este. Si tuviéramos una forma de llegar a lo que no podemos abandonar, lo que es incuestionable, entonces podríamos construir a partir de eso, poco a poco. Tendríamos un conocimiento fundamental seguro que podríamos usar para encontrarnos con el mundo.

Descartes pensó que así debían ser las cosas. Intentó dudar de cada pensamiento que le venía a la cabeza. Decía: "¿Realmente estoy comiendo una manzana o solo estoy soñando que estoy comiendo una manzana? Solo estaba soñando." ¿Alguna vez ha tenido un sueño tan vívido -que parecía tan real- que cuando despertó se sorprendió? De hecho, he tenido sueños en los que pensé: "Debo ser cuidadoso. Hay una diferencia entre soñar y la realidad", y todo el tiempo estaba soñando en realidad.

Descartes dijo: "¿Me estoy comiendo la manzana o estoy soñando que me estoy comiendo la manzana? Bueno, podría estar soñando, por lo que no puedo hacer de esta experiencia la base de todo lo que sé". Dudó de todo hasta que finalmente llegó a lo incuestionable. Dudaría sistemáticamente, y entonces se abriría una puerta a la certeza, pensaba. Pensó en algo de lo que no se podía dudar, y esa era su propia existencia.

> *Para Descartes, el fundamento de todo era él mismo. Aquí hay un hombre moderno delante de usted. Puede que haya vivido en los 1600s, pero era un hombre moderno.*

Para Descartes, el fundamento de todo era él mismo. Aquí hay un hombre moderno delante de usted. Puede que haya vivido en el siglo XVII, pero era un hombre moderno. "¿Qué hay en el centro del universo? Yo. Tal vez no hay un Dios. Tal vez no hay un mundo ahí fuera. Tal vez no haya manzanas para comer y solo haya sueños para tener. Pero sé que existo".

¿Cómo llegó a esa conclusión? Él dijo: "Sí estoy dudando, entonces al menos debo existir para poder dudar. Tal vez estoy dudando y en realidad estoy dudando de que estoy dudando". ¿Recuerdas la manzana? Él dijo: "Podría estar soñando. Tal vez estoy soñando que estoy soñando. Pero, verá, si estoy soñando que estoy soñando o dudando de que estoy dudando, entonces debo ser yo quien esté soñando o dudando. No puede renunciar a su propia existencia. Y así, Descartes concluyó: "Pienso, luego existo" (**cogito ergo sum**). Técnicamente, era "dudo, luego existo" (**dubito ergo sum**). "Dudo, y por lo tanto debo existir para poder dudar".

He tenido filósofos cristianos que me han dicho que ese es un buen argumento. Puede sonar bien, pero no es un buen argumento. Está **mendigando la pregunta**: ¿Qué tomó Descartes como evidencia para llegar a esa conclusión? Tomó como su dato, su punto de partida fijo, "yo dudo". Al hacerlo, puede haber escrito la conclusión directamente desde la premisa con la que comenzó. "Yo dudo." No tenía que expresarlo en primera persona ("yo"). Podría haber dicho: "Está ocurriendo la duda". Se sigue de la premisa, "la duda está ocurriendo" ¿yo existo como el que duda? No. Puede que le cueste entender cómo Descartes podía saber que se estaba dudando si él no existía para ser el que dudaba, pero el hecho es que, si quería aplicar su método con rigor, no debería haber planteado la pregunta. Debería haber dicho simplemente: "la duda continúa". Y de eso no se sigue que él mismo exista.

No es un buen argumento. Sin embargo, las personas que hoy dicen que no seguirán la fe sino solamente las pruebas están siguiendo a Descartes, porque Descartes dijo: "Dude de todo hasta que encuentre una base firme a partir de la cual puedas construir un edificio de conocimiento".

DUDAR DE TODO ES DE TONTOS

Los modernos seguidores de Descartes que dicen que dudarán absolutamente de todo y no aceptarán nada sin pruebas, en realidad están actuando como tontos arrogantes. ¿Por qué? Porque nadie puede dudar de todo. Si realmente dudara de todo, eso significaría que usted duda de estar dudando tanto como de sus recuerdos de experiencias pasadas. No habría ningún recuerdo en el que pudiera confiar. Tendría que dudar de sus sensaciones actuales y de las conexiones entre ellas, como la conexión que establece cuando pone su mano sobre una estufa caliente y dice: "¡Eso duele!" Tendría que dudar del significado de las palabras que usa. Tendría que dudar de todos los principios por los que razona.

> *Un conjunto de creencias fundamentales es ineludible para todos. Cada persona tiene un conjunto básico de convicciones lógicas por las cuales piensa y vive su vida.*

Pruebe el experimento y vea si puede dudar de todo. Pero claro, si dudara de todo, no estaría pensando nada, y mucho menos dudando. Un conjunto de creencias fundamentales es ineludible para todos. Cada persona tiene un conjunto lógicamente básico de convicciones por las cuales piensa y vive su vida.

Eso no quiere decir que todo esté al mismo nivel en nuestro pensamiento. Hay algunas cosas de las que podemos dudar. "Pensé que escuché un auto afuera, pero tal vez me equivoqué". Ese es un nivel. Luego hay otras cosas de las que podría dudar. Puede dudar que entienda el **Prin-**

cipio de Incertidumbre de Heisenberg, pero tal vez lo entienda. Podría dudar de que mis sentidos sean fiables, etc. Hay diferentes niveles, pero todos tienen un conjunto básico de convicciones lógicas a las que no se puede renunciar.

Las personas se engañan a sí mismas cuando dicen que no aceptarán nada sin prueba o demostración, porque, como ven, no prueban sus principios fundamentales en la forma en que creen que lo hacen. Tienen un lugar para la fe en su perspectiva y en vivir sus vidas.

¿Por qué los incrédulos no se dan cuenta de esto? ¿Por qué no se dan cuenta de que tienen una fe fundamental sobre cómo se conectan las cosas en su experiencia, sobre el significado de sus palabras, etc.? La respuesta es que no se dan cuenta de esto porque todas las personas que los rodean están en la misma situación, así que piensan: «Podemos dar todo eso por sentado».

Es sorprendente que cuando debatí con los incrédulos, tanto formal como informalmente, la frecuencia con la que surgió esta afirmación de manera constante. Cuando comienzas a desafiar algo en lo que creen, dicen: "Bueno, pero todos saben que es verdad". Por supuesto, cuando hacen eso, acaban de caer en una trampa porque no es suficiente decir que todos saben esto o aquello, sino ¿cómo dan razón de esas cosas que saben en una cosmovisión materialistas?

¿CUÁL ES LA RAZÓN POR LA QUE SABE ALGO?

"¿Todos saben eso?" Pero si todo el mundo lo sabe, entonces deberías tener una muy buena razón para ello. ¿Cuál es esa razón por la que dice que sabe? Cuando tantos en el mundo dan por sentado que podemos confiar en nuestros sentidos, los incrédulos no entienden cuando venimos y decimos: "Según su cosmovisión, ¿por qué confía en sus sentidos?" Tienen una fe fundamental, pero creen que la suya es razonable. Saben que tenemos una fe fundamental, pero según ellos la nuestra no es razonable.

Lo que quiero enseñarle a hacer es darles la vuelta y decir: "Tenemos una fe fundamental. Tiene razón sobre eso. Nuestra fe fundamental hace que confiar en nuestros sentidos y en las leyes de la lógica y los absolutos morales sea muy razonable. Pero dada *su* fe fundamental, esas cosas no son razonables en absoluto. Dada su fe fundamental, la lógica se ha ido. La ciencia se ha ido. La historia se ha ido. La moralidad se ha ido. La armonía social se ha ido. La dignidad humana se ha ido".

> *Nuestra fe fundamental hace que confiar en nuestros sentidos y en las leyes de la lógica y los absolutos morales sea muy razonable.*

¡Qué fe tienen! Cuando las personas dicen que no se aferrarán a nada excepto a lo que se fundamenta en pruebas o demostraciones, son hipócritas. No pueden vivir de esa manera. Ellos no viven de esa manera. No viven según sus propios estándares y, por supuesto, esa es una de las formas más elevadas de autorrefutación.

Hay otro tipo de irracionalidad que a veces se nos acusa de tener porque nos aferramos a la fe cristiana. Hay personas que dicen: "No puedo estar de acuerdo con usted y aceptar la fe cristiana porque no debemos hacer suposiciones en nuestro razonamiento. Pero ustedes, los cristianos, asumen todo tipo de cosas".

Permítanme citar a un erudito liberal, Charles Gore (1853-1932). Una vez escribió: "Me parece que el camino correcto para cualquiera que no puede aceptar la mera voz de la autoridad, pero siente la obligación imperativa de 'enfrentar los argumentos' y pensar libremente, es comenzar por el principio y ver hasta qué punto puede reconstruir sus creencias religiosas etapa por etapa sobre una base segura en la medida de lo posible sin suposiciones preliminares..."[12]

Él está diciendo, usted debe volver atrás y reconstruir sus convicciones religiosas sin traer ninguna suposición. Etapa por etapa, paso a paso, construya lo que cree desde cero, por así decirlo.

USTED NO PUEDE PENSAR O RAZONAR SIN PRESUPOSICIONES

Debe mirar la hipótesis religiosa desde el principio sin suposiciones preliminares o (y ahora introduciré una palabra con la que quizás no esté familiarizado) sin **presuposicio-**

---

[12] Charles Gore, *Belief in God: The Reconstruction of Belief* (New York: Charles Scribner's Sons, 1922), 2.

nes, sin nada que se dé por sentado que informe y guíe su proceso de razonamiento.

Como puede adivinar por lo que dije sobre la posición de "No creo en nada que sea contrario a la prueba", voy a decir algo similar sobre este punto de vista: "Es realmente imposible pensar sin presuposiciones".

Nuestra demostración de todo lo que creemos es por medio de otras creencias. Es decir, pruebo *esto* apelando a *esto* y luego pruebo *esto* apelando a *esto* y así sucesivamente. Es imposible probar cada creencia por creencias independientes.

> *Nuestra demostración de todo lo que creemos es por medio de otras creencias.*

Por ejemplo, cuando demuestro que el hielo se derrite a temperatura ambiente, estoy poniendo en servicio ciertos estándares de pensamiento y ciertos procedimientos para la demostración. Yo digo: "El hielo se derrite a temperatura ambiente". Usted dice: "No, no lo hará". Demuestro que sí. Pero al hacerlo, dependía de cierto procedimiento, ciertas normas, etc.

Entonces suponga que usted dice: "Pero ¿cómo sabe que tiene razón acerca de este procedimiento? ¿Cómo sabe que tiene razón sobre esos estándares? ¿Cómo sé que ha elegido los criterios correctos para demostrar algo científicamente? ¿Puede estar seguro de que ha usado esos estándares correctamente?"

Así es como lo haría. Pondría un trozo de hielo en un plato de vidrio a temperatura ambiente y luego hablaría con usted durante unos minutos. Luego miraría y diría: "El hielo se ha derretido. ¡Está equivocado y yo tengo razón!"

Esa es una gran demostración, hasta que alguien diga: "¿Cómo sabe que está a temperatura ambiente?" O, mejor aún, "¿Cómo sabe que era un trozo de hielo?". Para no desviarme de mi búsqueda científica, entonces probaría que estaba a temperatura ambiente y que era un trozo de hielo. Pero al probar esas cosas, ¿en qué estaría confiando? Algunos otros principios y observaciones.

Entonces alguien podría llevar el argumento aún más lejos. ¿Puedo estar seguro de que utilicé estos procedimientos correctamente? ¿Sé que tengo los procedimientos correctos para usar? ¿Tengo las condiciones o suposiciones iniciales correctas o no cuestionables en este método? ¿Mi ejecución de los procedimientos ha sido impecable? Para probar todas esas cosas, tendré que usar más argumentos, más pruebas, y así sucesivamente.

Si no hay un punto de partida asumido para una demostración, entonces una demostración no puede comenzar; y si no puede empezar, no puede terminar.

Si un incrédulo considera que el cristianismo es irracional simplemente sobre la base de que permite que se acepte algo sin una demostración independiente, entonces el incrédulo no está siendo realista. Debe ser presionado para ver que termina refutándose *a sí mismo*, no simplemente al cristianismo, por esos valores y demandas en los que confía y usa. El incrédulo dice: "El problema es que está usando presuposiciones cuando trata de defender la fe". Y luego usted debe mostrar que los incrédulos también están usando posiciones presupuestas. Todo se reduce a esto: Si usar presuposiciones significa que se está siendo irracional, y he demostrado que usted está usando presuposiciones, entonces usted también es irracional.

> *Si usar presuposiciones significa que se está siendo irracional, y he demostrado que usted está usando presuposiciones, entonces usted también es irracional.*

Ahora debe aceptar que todos estamos en este bote agujereado de irracionalidad o renunciar a su principio de que no se pueden usar presuposiciones en un argumento. Verá, la actitud del incrédulo es la que resulta verdaderamente irracional, porque incoherentemente exige algo de sus oponentes que no puede hacer ni siquiera el mismo. Usted encuentra este tipo de argumento en la Biblia. Pablo les dice a los judíos: "Ustedes que critican a los demás, ustedes que dicen que Dios condenará el hurto, ¿no roban en los templos?" Pablo está diciendo: "Ni siquiera cumplen con sus propios estándares. Así de hipócrita son" (Rom. 2:22).

Este tipo de cosas sucede en el dominio moral, pero también sucede en el dominio intelectual. Alguien dice: "No le voy a conceder ninguna presuposición. No puede tratar de probar algo basado en presuposiciones". Y luego usted puede darle la vuelta y decir: "Entonces usted también debe vivir de acuerdo con ese estándar. Si trata de demostrar algo, tampoco le permitiré presuposiciones.

Es posible que su conversación no sea exactamente así, palabra por palabra, pero se reducirá a lo mismo. La persona con la que habla, por ejemplo, dirá: "Mis presuposiciones no son presuposiciones porque todos están de acuerdo conmigo". Una vez que le haya mostrado a esa persona sus presupuestos, esta será la respuesta: "Pero los nuestros son diferentes, porque todos están de acuerdo con los nuestros. *sus presupuestos* son los que están en juicio."

Eso le parecerá un poco arbitrario, un poco injusto. No estamos jugando en igualdad de condiciones ahora. Pero puede aceptar esos términos y discutir con el incrédulo: "Está bien. le daré una posición ventajosa. Le concedo sus presuposiciones. Le permitiré que siga razonando, y yo razonaré a favor de los míos." ¿Cómo? No puede probar sus presuposiciones porque son presuposiciones, ¿verdad? Pero defenderé mis presuposiciones diciendo: "Si no utiliza mis presuposiciones, destruirá la ciencia, la lógica, la moralidad y la dignidad humana".

Lo que puede pensar es que esa ventaja para él resulta ser una desventaja. Puedo decir: "Le daré la ventaja en esto y seguira pareciendo un tonto, no porque yo sea muy inteligente, sino porque esta razonando de una manera tonta".

LAS PRESUPOSICIONES SON INEVITABLES Y NECESARIAS

¿Se siente incómodo con eso? Si esto es solo un insulto, debería estarlo. No creo en los insultos. No se gana ninguna discusión insultando a la gente. Pero la Biblia describe a los incrédulos como necios. Debido a las connotaciones de la palabra «tonto» en nuestra cultura, es difícil usar eso y hacer que la gente se sume. Para llamar su atención, podría decir: «Eso es realmente estúpido», capta algo a la deriva, algo del impacto, de la palabra bíblica «tonto» o «necio». (p. ej., Ecl. 10:2; Isa. 32:6; Prov. 1:22; 18:2; 10:23; 12:16, 23; 14:1; 15:5; 18:7; 19:1 ; 26:11).

¿Qué pensaría de una persona, (recordando el ejemplo del primer capítulo) que está en un avión a Boston y no puede salir en Chicago y, sin embargo, no quiere ir a Boston? ¿No diría que eso es una tontería? No es que hayan hecho esto por error, cómo podría haberlo hecho la señora que escuché en el aeropuerto. Es alguien en el avión, totalmente comprometido con este vuelo, el vuelo de la autonomía humana, y se está yendo al basurero cuando se trata de lógica. Es dar un paseo en el basurero cuando se trata de ciencia, historia, dignidad humana y absolutos morales.

Están totalmente comprometidos con el vuelo de la autonomía humana, y luego dicen: "Pero no queremos ir allí". Eso es tonto. Yo enfrentaré al incrédulo incluso en sus términos injustos y desiguales, porque al final, cuando termine con mi argumento, él no tendrá ningún terreno en el que apoyarse. Voy a decir: "Dada su cosmovisión, no puede discutir conmigo a menos que tome prestadas mis suposiciones operativas sobre el pensamiento, la lógica y la realidad".

> *"Dada la cosmovisión bíblica, no puede discutir conmigo a menos que tome prestadas mis suposiciones operativas sobre el pensamiento, la lógica y la realidad".*

Si un incrédulo considera que el cristianismo es irracional porque los cristianos permiten que se acepte algo sin una demostración independiente, el incrédulo en cuestión no está siendo realista. Está siendo hipócrita, no está a la altura de sus propias demandas. Él es el que es supremamente irrazonable.

Verá, como cristiano, no violó las leyes de la lógica. Como cristiano, no creo nada contrario a la evidencia empírica. Como cristiano, no creo lo que es absurdo porque es absurdo. Como cristiano, no estoy comprometido con nada que sea contrario a las pruebas. Como cristiano, mis convicciones no se basan en algo que no tiene suposiciones; más bien, lo que estoy diciendo es que todo el mundo tiene suposiciones.

El problema no es que nosotros, como cristianos, creamos cosas sin evidencia; el problema es que al incrédulo no le gusta el tipo de evidencia que tenemos.

Muchos críticos finalmente reconocerán que usted, como cristiano, se dedica a razonar. Quiere ser lógico y recurre a la evidencia para respaldar sus creencias. Muchos admitirán, cuando les presione, que realmente no hay nadie, incluso entre los escépticos religiosos, que pueda proceder sin suposiciones. No hay nadie que pueda probar todo lo que cree por consideraciones independientes. A lo que se oponen, finalmente, es al tipo de evidencia a la que apelamos como cristianos: creer algo basado en la autoridad personal de Dios, en lugar de hacerlo sobre la base de normas impersonales y universalmente aceptadas (pero no demostradas) de observación, lógica y utilidad. Yo tengo evidencia de lo que creó, gran evidencia: la mismísima Palabra de Dios. Pero no quieren ese tipo de pruebas. Ese tipo de evidencia se basa en una Persona, el Dios viviente. No es como ir a un diccionario o a una enciclopedia y buscar algo.

DIOS ES EL PRINCIPIO DE LA SABIDURÍA, EL CONOCIMIENTO Y LA MORALIDAD

Cuando las personas se encuentran con la Palabra de Dios, no se encuentran con algo que se podría escribir en una enciclopedia y dejar ahí; se están encontrando con Dios mismo. Esto hace que el incrédulo se sienta incómodo, (algo entendible). El incrédulo debe temer a Dios, porque Dios está enojado con los pecadores. El no creyente sabe que esto es cierto en el fondo de su corazón. El incrédulo quisiera no tener que tratar con un Dios personal. Cuando apelamos a la Palabra del Creador vivo y verdadero del cielo y la tierra, cuando apelamos a la Palabra del Dios personal, el incrédulo no quiere ese tipo de evidencia. Cuando pide pruebas, quiere algo impersonal, *lógico*, científico, algo que tenga que ver con la utilidad o funcional de las creencias de una persona. Si usted va a probar que el cristianismo es verdadero, debe hacerlo aquí en esta supuesta arena neutral. Él no quiere que la Palabra de Dios sea la evidencia sobre la cual descansa nuestro argumento.

Julian Huxley (1887-1975), en su libro *Religion Without Revelation*, escribió estas palabras: "Creo firmemente que el método científico, aunque lento y sin pretender en algún momento conducir a la verdad completa, es el único método que a la larga da fundamentos satisfactorios para las creencias" y "Nosotros con toda certeza en la actualidad no sabemos nada más allá de este mundo y la experiencia natural".

Él escribe en otra parte: «Nosotros con toda certeza en la actualidad no sabemos nada más allá de este mundo y la experiencia natural".[13] Para Huxley, la fe cristiana no debe basarse en la autoridad revelada; debe basarse en la autoridad de la ciencia natural.

¿Qué nos está mostrando Huxley cuando dice esto? Está mostrando abiertamente su propio compromiso de fe, con sus prejuicios contra el cristianismo. Nótese que dice, por un lado, que el método científico no puede dar la verdad completa. Lo admite abiertamente. Pero luego se da la vuelta, por otro lado, y, basado en el método científico, descarta por completo conocer algo más allá del mundo natural.

Esa es una buena ilustración de lo simple que puede llegar a ser la apologética. Los incrédulos se ahorcan. Huxley dice, por un lado, que el método científico es deficiente. No podemos saberlo todo, pero estamos trabajando, trabajando, trabajando en ello. Pero podemos decirte con seguridad que no hay nada más allá del mundo natural. Eso es algo así como decir: "No tengo idea de cómo se verá el auto modelo del próximo año, pero no se verá *así*." Pero si no tiene idea de cómo se verá, no puede descartarlo *entonces*. De hecho, ni siquiera puede decirnos cuál es el rango de posibilidades, (y Huxley tampoco).

¿Por qué Huxley descarta el tipo de evidencia que ofrecen los cristianos a favor de su fe? ¿Por qué ignora la revelación como fuente de información acerca de Dios? Porque Huxley tiene un compromiso de fe y devoción al naturalismo. Está totalmente comprometido con el método científico natural, por lo que no quiere ninguna revelación. Pero ¿tiene alguna razón para no aceptar la revelación? ¿Tiene alguna razón para no tener fe en lo que nosotros tenemos fe? Si. La razón es que tiene una fe contraria.

---

[13] Julian Huxley, *Religion without Revelation* (New York: Mentor, 1957), 15, 17.

LA GUERRA ENTRE LA FE Y LA FE

La guerra no es entre la razón y la fe; es entre fe y fe. No quiero decir que la fe sea solo un salto arbitrario. Es un tipo de proceso de razonamiento frente a otro tipo de proceso de razonamiento, ambos quieren usar la lógica, ambos quieren usar nuestros sentidos, ambos quieren hacer que las cosas funcionen en este mundo, pero uno admite la palabra de Dios mientras que el otro no.

En su libro titulado *God and Philosophy*, Antony Flew (1923–2010) expresó la crítica de los incrédulos a la fe cristiana por descansar en la autoridad de Dios. (Si bien Flew no se convirtió al cristianismo antes de morir, llegó a creer en un Creador inteligente).[14] "La apelación a la autoridad no puede tener aquí carácter definitivo e imperativo, porque lo que está en cuestión es precisamente el estatus y la autoridad de todas las autoridades religiosas. Es inherentemente imposible que la fe o la autoridad sirvan por sí mismas como las credenciales últimas de la revelación".[15] Lo que está diciendo es que la enseñanza de las Escrituras no puede aceptarse como la autoridad de Dios hablando en ellas porque es precisamente esa autoridad la que está en tela de juicio por parte del incrédulo. Al principio,

---

[14] "Durante gran parte de su carrera, Flew fue conocido como un fuerte defensor del ateísmo, argumentando que uno debe presuponer el ateísmo hasta que la evidencia empírica de un dios surja... Sin embargo, en 2004 cambió de posición y declaró que creía en la existencia de un Creador inteligente del universo, lo que sorprendió a sus colegas y compañeros ateos. Para aclarar aún más su concepto personal de dios, Flew se adhirió abiertamente al deísmo, más concretamente a la creencia en el dios aristotélico, y descartó en muchas ocasiones una hipotética conversión al cristianismo, al islam o a cualquier otra religión. Afirmó que al mantener su compromiso de toda la vida de ir a donde conduce la evidencia, ahora creía en la existencia de un Dios.escribió un libro que describe sus razones para cambiar su posición, There is a God: How the World's Most Notorious Atheist Changed His Mind Flew, en colaboración con Roy Abraham Varghese".

[15] Antony Flew, *God and Philosophy* (New York: Harcourt, Brace and World, 1966), 159, 161.

eso suena razonable. ¿Con qué frecuencia he visto a personas presentar ese enfoque? Y al principio, usted quiere decir: "Sí, así es. No se puede apelar a la Biblia para probar la Biblia". Pero hay más en el argumento.

> *Todas las autoridades últimas deben autenticarse a sí mismas.*

Lo que Flew está diciendo es que, al final, la Palabra de Dios no puede ser la autoridad última. Hago hincapié en la palabra última porque todas las autoridades últimas deben autenticarse a sí mismas. Si alguien dice: "Esta es mi autoridad última", entonces usted dice: "Bueno, ¿cómo puede probarlo?" Si la persona dice, "Pruebo esta autoridad última apelando a esto, por aquí", entonces esa primera aseveración de autoridad última no era realmente su máxima autoridad, porque lo que usa para probarlo es su autoridad última.

Cuando llamas a algo una autoridad última, en la naturaleza del caso, debe probarse a sí mismo. Cuando Antony Flew dice que no puede permitir que la Biblia sea nuestra autoridad última, no podemos permitir que la Biblia se pruebe a sí misma, lo que nos está diciendo es: "Desde mi punto de vista filosófico, no voy a permitir que la Biblia sea la autoridad última". Esto solo puede significar que Antony Flew ha determinado *anticipadamente* que Dios no puede ser la máxima autoridad.

Según Flew, siempre debe haber una autoridad independiente de Dios, algo que tenga más autoridad que Dios, en términos de los cuales se podría aceptar la autoridad de Dios. La autoridad de Dios no puede ser ineludible y no puede validarse a sí misma, según Flew.

En otro lugar, dice: "El filósofo que examina un concepto no está empleando ese concepto en ese momento, por mucho que en otros momentos desee y necesite hacerlo".[16] Cuando estamos examinando un concepto, tratando de decidir si es verdadero, dice Flew, no podemos emplear ese concepto. No puede emplear algo que está examinando al mismo tiempo. Esa era su regla.

En muchos sentidos, esa es una regla bastante buena que seguir. Pero decir que es una regla universal y que se aplica a todo quitaría sentido al razonamiento humano. ¿Antony Flew realmente pretendió que, como filósofo, que se adhirió estricta y puramente a ese pre-requisito general (que usted no puede examinar algo mientras lo emplea simultáneamente), ¿no puede usar la autoridad de la Biblia si lo que está examinando es la autoridad de la Biblia? ¿Utilizó él mismo ese principio? No, no lo hizo, y debería haberlo sabido mejor.

Aquellos que examinan y argumentan sobre la lógica, ¿piensa usted que han renunciado a las reglas de la lógica cuando argumentan sobre la lógica? ¿O emplean las leyes de la lógica mientras discuten sobre la lógica? Por supuesto, si no están usando las leyes de la lógica, entonces no están discutiendo en absoluto. Usan las leyes de la lógica para argumentar sobre las leyes de la lógica. Cuando se trata de un estándar final como ese, debe usar el estándar mientras intenta examinar el estándar.

> *Aquellos que examinan y argumentan sobre la lógica, ¿piensa usted que han renunciado a las reglas de la lógica cuando argumentan sobre la lógica?*

---

[16] Flew, *God and Philosophy*, 26.

Conozco personas que examinan y evalúan las capacidades y la fiabilidad del ojo humano. ¿Cree que dicen: "Ya que estamos examinando el ojo, no podemos usar nuestros ojos, por ahora no podemos ver nada" (?) Por supuesto, no lo hacen? Usan el ojo mientras examinan las capacidades y la funcionalidad del ojo. Usted también hace esto. Si alguna vez ha ido a un espejo para tratar de encontrar algo en su ojo, está usando su ojo mientras intenta encontrar lo que hay en su ojo.

La afirmación de que debemos excluir automáticamente la posibilidad de que los cristianos examinen y discutan sobre la autoridad de la revelación de Dios mientras simultáneamente emplean la autoridad de la revelación de Dios no es más que un prejuicio arbitrario por parte de Anthony Flew. Lo permitiría en la práctica cuando se trata de lógica. Lo permitiría cuando se trate de los ojos. Pero él dijo: "No, no con la Biblia".

Una vez más, no le estoy pidiendo a nadie que acepte la Biblia a ciegas. No, estoy diciendo: "Aquí está el reclamo de la Biblia de ser autoritativa, así que ahora tienes que tomarla como la autoritativa". No, digo, examínalo. Sé razonable. Discutamos sobre esto. Cuando alguien dice: "No puedes hacer de la Biblia tu máxima autoridad", digo: "Sí, puedo, y puedo hacerlo tanto como tú puedes hacer de la lógica tu máxima autoridad y aun así tratar de ser lógico".

Verá, Antony Flew no quería que la Palabra de Dios se auto-valide. Lo notable de su negativa —o la de cualquier otro incrédulo— a someterse con fe a la autoridad de Dios basada en esa autoridad es que solo revela que él está comprometido de antemano en contra de la posición cristiana. En la naturaleza del caso, la Palabra de Dios debe validarse a sí misma. ¿Qué más podría validar la Palabra de Dios excepto la Palabra de Dios? Pero si se necesita una palabra de Dios para validar la Palabra de Dios, entonces cuando todo esté dicho y hecho, usted tendrá la Biblia validándose a sí misma.

LA LÓGICA INTERNA DE UN SISTEMA

Esa es la lógica interna de una posición. Imagine que alguien dice: "Ya veo. Si hay un Dios y Él se revela, sería su Palabra la que nos diría que reveló de sí Mismo. Eso significa que Su Palabra debe validar Su Palabra. Lo entiendo, pero no me gusta esa posibilidad. Lo descarto de antemano. No puede haber un Dios que hable con tanta autoridad".

¿Suena eso como un compromiso de fe para usted? "No permitiré la posibilidad de que exista tal Dios". Lo gracioso es que, por lo general sin mostrarlo abiertamente, los incrédulos tienen este compromiso salvaje, arbitrario y volitivo que está tan mal pensado que hace exactamente lo que acusan hacer a los cristianos. Ellos son los que dicen: "No, no consideraré la posibilidad de eso". Y ahora, ¿quién tiene realmente la posición de fe? Cuando debatí con el ateo Dr. Gordon Stein en la Universidad de California, Irvine, en 1985,[17] una de las cosas que le dije fue: "Ese es el problema con la posición atea: se necesita mucha fe para creerla".

Ese es el punto que debemos entender. Cuando representa la fe de esta manera, muchas personas no entienden lo que eso significa. Mucha gente le acusará de ser irracional. Es importante que sepa qué es realmente la fe

---

[17] El debate se ha dado a conocer como *"El Gran Debate: ¿Existe Dios? El Dr. Greg L. Bahnsen vs. Dr. Gordon Stein"* (1985). La transcripción del debate encuentra en http://bit.ly/3aP3Uo9. El Audio en http://bit.ly/2wQV4I1

y cómo se debe defender. Es especialmente importante que sepa que no está operando desde una posición de fe en contraposición con otras personas que operan desde la posición de la razón. Más bien, mantiene una fe que salvará la razón y hará que sea razonable usar la razón, mientras que el incrédulo no tiene una base para justificar de la razón y su confiabilidad constante.

GLOSARIO

Pensamiento Autónomo: Pensar autónomamente (del griego: *auto* (en si mismo) + *nomos* (ley) = ley para uno mismo) significa que el individuo está "sujeto sólo a sus propios criterios de verdad, libre de ignorar los de Dios".[18] JI Packer escribe lo siguiente: "El hombre no fue creado autónomo, es decir, libre para ser una ley para sí mismo, sino teónomo, es decir, obligado a guardar la ley de su Hacedor".[19]

Mendigar la pregunta: Falacia lógica que asume la respuesta que necesita ser probada. También se conoce como razonamiento o argumento circulares. En cuestiones últimas, los argumentos circulares son necesarios. Por ejemplo, el uso de la razón se utiliza para probar la realidad de la razón. La lógica debe usarse para probar la consistencia de la lógica. "Toda cosmovisión se basa en última instancia en el razonamiento 'circular' para formular preguntas fundamentales".[20]

---

[18] John M. Frame, *Apologetics: A Justification of Christian Belief* (Philipsburg, NJ: Presbyterian and Reformed Publishing Co., 2015), 48.

[19] J. I. Packer, *Concise Theology: A Guide to Historic Christian Beliefs* (Carol Stream, IL: Tyndale House Publishers, [1993] 2001), 91.

[20] Joel McDurmon, *Biblical Logic in Theory and Practice* (Powder Springs, GA: American Vision Press, 2009), 150.

Cogito, ergo sum: Del latín, "Pienso, luego existo".
Dubito, ergo sum: Del latín, "dudo y, por lo tanto, debo existir para dudar".
La Ilustración: "Título dado al desarrollo del pensamiento en Europa y América a finales del siglo XVII y XVIII. Esencialmente, la Ilustración fue la expresión del intento del hombre moderno de romper con el dominio del dogma basado en la revelación divina y de ejercer su propia razón con total autonomía".[21]
Leyes de la Lógica: Más que un conjunto de reglas abstractas para pensar correctamente. Las reglas y la confiabilidad de la lógica son una extensión de la naturaleza de Dios. Lo que es verdad de la lógica es verdad de todo. Johannes Kepler usó la frase "pensar los pensamientos de Dios después Él". Hay una dimensión ética de la lógica que se encuentra en el Noveno Mandamiento: "No darás falso testimonio contra tu prójimo" (Ex. 20:16). La lógica consiste en decir la verdad.

---

[21] Alan Cairns, *Dictionary of Theological Terms*, 3rd ed. (Greenville, SC: Ambassador Emerald International, 2002), 146.

PREGUNTAS PARA LA DISCUSIÓN

1. Las personas de hoy que dicen que rechazan la fe y solo creen lo que pueden probar son seguidores de Descartes, incluso si nunca escucharon de él. ¿Cómo es eso?

2. ¿Es posible dudar de todo? ¿Por qué si o por qué no?

3. ¿Por qué es una declaración tonta "no debemos hacer suposiciones en nuestro razonamiento"?

4. ¿Cuál es la razón de Julian Huxley para no tener fe en el cristianismo?

5. "Los cristianos se aferran a una fe que salvará la razón y hará que sea razonable usar la razón, pero el incrédulo no". ¿Por qué esto es cierto?

6. "La guerra no es entre la razón y la fe; es entre fe y fe." conversar

CAPÍTULO 3
FE FUNDAMENTAL

Cambiar la **cosmovisión** de las personas a veces puede producir resultados interesantes. Nos estamos enfocando en la apologética y cómo defender la fe cristiana. Pero otra cosa sobre la que he escrito y hablado es el enfoque cristiano personal **de la ética sociopolítica**. Y estas cosas están conectadas.

Puedo hablar de cultura, sociedad y derecho constitucional; sobre la evolución; sobre filosofía. Creemos que todas estas disciplinas van juntas. De hecho, cuanto mejor encajan entre sí, más coherencia hay entre ellos, es decir, hemos captado mejor la cosmovisión cristiana que Dios nos ha revelado en las Escrituras.

También creemos que nuestras culturas van a ser reformadas por la Palabra de Dios. Cuando llevamos el cristianismo a otra cultura, a veces vemos que se producen cambios monumentales.

Supongamos que usted es un arqueólogo y se encuentra con un paraguas enterrado en el suelo en alguna parte y suponga que nunca había visto un paraguas. ¿Podría estudiar este artefacto y llegar a la conclusión de que es un paraguas, tal vez incluso un paraguas primitivo? No, porque no puede evaluar las cosas sin suposiciones y presuposiciones. Si comienza con las presuposiciones incorrectas, llegará a conclusiones incorrectas.

En los capítulos anteriores, hablamos del concepto de fe. La fe cristiana, vimos, no es una especie de salto sin sentido, una experiencia emocional o un compromiso delirante contrario a la buena razón, contrario a los hechos o contrario a la lógica. Como cristianos, no apagamos nuestros cerebros cuando empezamos a ejercer nuestros compromisos religiosos o cuando damos testimonio a la gente. No vivimos en dos mundos, el mundo de la razón cuando vamos a la escuela o al trabajo y el mundo de la fe cuando nos hacemos religiosos los domingos. La fe no es contraria a la razón. Más bien, como veremos ahora, la fe es el fundamento de la razón.

LA IMPORTANCIA DE LOS HECHOS

Piense en la "fe" conocida como evolución, desde cómo llegó a existir el cosmos, cómo el material inorgánico se volvió orgánico, hasta los cambios incrementales no guiados en las especies a lo largo del tiempo que se convierten en nosotros y todo lo demás. La gente se aferra tenazmente a la teoría de la evolución que es, para ser honesto, una estupidez. Esa es una forma de hablar fuerte, pero a veces necesitamos al niño pequeño que se pone de pie al lado del desfile y dice: "Perdón, pero ¿el rey no está desnudo?" Eso es lo que debemos estar dispuestos a hacer como cristianos cuando enfrentamos cosmovisiones contrarias y sus presuposiciones subyacentes. La siguiente línea de argumentación debería resultar útil:

> Toda argumentación acerca de cuestiones últimas finalmente *llega a descansar* en el nivel de las presuposiciones del disputante. Si un hombre ha llegado a la conclusión y está comprometido con la verdad de cierto punto de vista P, cuando se le cuestione en cuanto

a P, ofrecerá argumentos de apoyo para ello, Q y R. Pero por supuesto, su oponente no tardará en señalar que esto simplemente cambia el argumento a Q y R. ¿Por qué aceptarlo? El proponente de P ahora está llamado a ofrecer S, T, U y V como argumentos para Q y R. Y así continúa el proceso. El proceso se complica por el hecho de que *tanto* el creyente como el incrédulo estarán involucrados en tales cadenas de argumentación. Pero todas las cadenas de argumentos deben *terminar* en alguna parte. Las conclusiones de uno nunca podrían demostrarse si dependieran de una regresión infinita de justificaciones argumentativas, porque en esas circunstancias la demostración nunca podría completarse. Y una demostración incompleta no demuestra nada en absoluto.

Eventualmente, toda argumentación termina en algún punto de partida lógicamente primitivo, una visión o premisa que se considera incuestionable. La apologética se remonta a tales puntos de partida o *presuposiciones*. Por la naturaleza del caso, estas presuposiciones se consideran *evidentes por sí* mismas: son la autoridad última del punto de vista de uno, una autoridad para la cual no se puede otorgar mayor autorización.[22]

Va a escuchar todo tipo de afirmaciones sobre la certeza de la cosmovisión, y la gente ni siquiera será lo suficientemente honesta como para decirle: "Esta es una forma de verlo y hay muchos problemas con esta teoría y estamos trabajando en estos problemas. Creemos que los vamos a

---

[22] Greg L. Bahnsen, *Always Ready: Directions for Defending the Faith* (Texarkana, AR: Covenant Media Foundation, 1996), 71–72.

resolver". No le dirán que tienen problemas.

En su lugar, organizan un desfile, mientras usted piensa: "¿No es esta teoría andar en calzoncillos, o algo peor? ¿Esperan que crea esto? ¿Quieren que crea que el material inorgánico se volvió orgánico espontáneamente, que la vida vino de la no vida? Lo siento, pero si quieren que tome eso *por fe*, entonces realmente me están pidiendo que haga lo que dicen que los cristianos hacen todo el tiempo. Dicen que los cristianos van a la escuela dominical y escuchan pequeñas historias sobre milagros y dicen: "Creemos esto. Nos hace sentir tan bien'". Necesita tener las agallas para pensar por sí mismo y decir: "Discúlpeme. Creo que eso no está bien".

No solo tenemos que entender qué es realmente la fe y quién realmente ejerce una "fe" sin sentido, sino que también debemos entender algo acerca de los hechos, y de eso es de lo que queremos hablar ahora. No deberíamos oponer los hechos a la filosofía, como si la filosofía dijera que los hechos no son importantes. Los hechos son importantes.

> *Debemos estudiar los hechos, pero no debemos ser engañados. Debemos comprender el lugar real de los hechos en la composición de una cosmovisión.*

Si decide ir a la universidad para convertirse en biólogo o científico y estudiar el mundo natural para que podamos ver el apoyo que le da a las Escrituras, Dios lo bendiga. Necesitamos gente así. Necesitamos personas que puedan argumentar los hechos. Mientras el mundo incrédulo se salga con la suya diciendo: "Esos cristianos simplemente tienen su fe en la escuela dominical", entonces la gente no estará dispuesta a escucharnos cuando lleguemos a lo que realmente está en juego, y esa es la cosmovisión filosófica que subyace su acercamiento a los hechos, debemos estudiar los hechos, pero no debemos ser engañados. Debemos comprender el lugar real de los hechos en la composición de una cosmovisión.

Piensa en el lugar que tienen los hechos a la hora de teorizar sobre el origen del universo o el origen de la vida o el origen del hombre mismo. ¿Han impedido los hechos, o la falta de ellos, a los evolucionistas promover su punto de vista? No.

LOS HECHOS A MENUDO ESTÁN EN DISPUTA

Pero ¿piensas que eso se debe a que se sientan a decir: "Mintámosle a la gente"? Quizás a veces, supongo. La maldad en el corazón del hombre no excluye esa posibilidad. Pero no sé eso. Nunca he oído a los evolucionistas conspirar explícita y conscientemente para mentirle a la gente. Lo trágico es que se creen estas cosas, ellos piensan que es correcto, piensan que los hechos los respaldan.

Aquí hay algunos datos relacionados con la edad del universo. En su libro, *The Encyclopedia of Practical Christianity*, Robert Morey cita a un científico con respecto a cuestiones relacionadas con la datación de la tierra:

> Actualmente se cree que la edad de nuestro globo es de unos cuatro mil quinientos millones de años,- basado en las tasas de desintegración radioeléctrica

del uranio y el torio. Tal "confirmación" puede ser de corta duración, ya que la naturaleza no se descubre tan fácilmente. En los últimos años se ha llegado a la horrible conclusión de que las tasas de desintegración radioeléctrica no son tan constantes como se pensaba anteriormente, ni son inmunes a las influencias ambientales.

Y esto podría significar que los relojes atómicos se reinician durante algún desastre global, y los eventos que pusieron fin al Mesozoico no son hace 65 millones de años, sino dentro de la edad y la memoria del hombre.[23]

Aquí hay alguien que tiene la honestidad de decir: "Los relojes que estamos usando para fechar el universo pueden no ser tan confiables". Bueno, ¿qué relojes confiables tenemos? Permítanme dar algunas ilustraciones más.

Se necesitan alrededor de mil años para producir una pulgada de la capa superior del suelo por las fuerzas de la erosión, como el viento y la lluvia. Ahora bien, si la tierra tiene miles de millones de años y el proceso por el cual se crea la capa superior del suelo ha estado funcionando todo ese tiempo, debería haber una gruesa capa de tierra en la corteza terrestre. Pero la profundidad promedio de la capa superior del suelo en todo el mundo es de seis a nueve pulgadas. ¿Cómo puede ser eso si la tierra ha estado aquí por miles de millones de años?

Le presenta estos hechos a un evolucionista y le dice: "Simplemente no hay suficiente tiempo en el planeta tierra

---

[23] Frederic B. Jueneman, FAIC, *"Secular Catastrophism"* Industrial Research and Development (June 1982), 21.

para que todos estos extraños, improbables y aleatorios eventos tengan lugar para que la vida pueda desarrollarse". Él dice: "Esa es solo su fe de escuela dominical". Y usted dice: "No, la capa superior del suelo tiene entre seis y nueve pulgadas de profundidad en todo el mundo, cuando debería haber kilómetros de capa superior después de miles de millones de años".

Ahora, usted cree que en ese momento el científico dirá: "¡Oh, oh! Evidencia contradictoria. Debo abandonar mi teoría. ¡Olvidaré la evolución! No. Muy tranquilamente se le ocurre lo que podríamos llamar un dispositivo de rescate. Quiere rescatar su teoría, por lo que se le ocurre un dispositivo para hacer frente a un hecho que parece contrario a su teoría. Dirá algo como esto: "Toda esa capa superficial de la que hablas se está arrastrando hacia el océano".

Pero si la tierra tiene miles de millones de años y la tasa de erosión ha sido constante, y ha continuado a tal grado que solo quedan de seis a nueve pulgadas de tierra vegetal, entonces el fondo de los océanos debería tener millas de profundidad en tierra suelta, ¿no es así? Pero se ha descubierto que el sedimento en el fondo del océano tiene, en su parte más gruesa, medio kilómetro. La profundidad podría encajar con miles de años de suelo arrastrado hacia el océano, no con miles de millones de años. Lo mismo ocurre con el polvo lunar. Cuando enviaron astronautas a la luna por primera vez, estaban convencidos por sus suposiciones evolutivas de que habría tanto polvo cósmico filtrado que la nave espacial podría hundirse en el polvo y quizás no ser capaz de salir de la superficie de la luna nuevamente. Pero cuando los astronautas bajaron la escalera, no se hundieron tanto. Tenían zapatos enormes y demás. Habían desarrollado formas de salvarlos en caso de que fuera un problema. Pero no fue así. Resultó que había unos pocos centímetros de polvo en la superficie de la luna, en lugar de metros o kilómetros.

LOS HECHOS NO SUELEN RESOLVER CONFLICTOS

Pero este es el punto.[24] Cuando sacamos a la luz estos hechos científicos, la gente dice: "¡Eso es todo! Ahí va mi teoría. ¿Tengo que dejarla?" No. En cambio, se mueven de un dispositivo de rescate a otro. Pero también comenzarán a hacer cosas que no consideramos legítimas en los círculos académicos. Empezarán a intimidar. Ellos pretenden saber más que usted. Dirán que han leído las notas del pie de página y usted no, lo cual es una forma abreviada de decir que han investigado mucho más que usted. Dirán: "Cuando entres en este campo científico y sepas más sobre él, no harás preguntas tontas e ingenuas como esa". Y luego, cuando regresan a su casa, piensan: "¡Me salí con la mía!"

A veces, incluso lo rebajarán porque usted tiene lo que solía llamarse una "mente abierta" y hace preguntas buenas y críticas. Los profesores que hacen preguntas y desafían las teorías populares pueden mantener sus puestos porque tienen un puesto, pero pueden perder su financiación para investigaciones.

En mi propia experiencia, yo era un Ph.D. en Filosofía.

---

[24] El debate sobre el polvo lunar dura ya muchos años. El punto del Dr. Bahnsen es que las teorías científicas como la acumulación de polvo lunar están abiertas al descubrimiento y al análisis. Para un estudio detallado del tema, véase Dr. Andrew A. Snelling y David Rush, "Moon Dust and the Age of the Solar System", Journal of Creation 7, nº 1 (Abril de 1993), 2-42.

candidato a la Universidad del Sur de California (USC) y observe una pelea intramuros entre incrédulos, quienes, por cierto, no se llevan bien entre sí porque no les gustan las escuelas de pensamiento en competencia. Era bien sabido que había un profesor titular en la USC para quien la mayoría de los demás profesores no eran útiles. Cuando no pudieron deshacerse de él de la manera habitual, comenzaron a asignarle clases a las 7:30 am. con estudiantes de primer año, que es el tipo de cosas que se suele asignar a los estudiantes de posgrado. Querían desanimarlo, insultarlo, hacer lo que fuera necesario para que buscara trabajo en otro lado.

Conocí a tal hombre. Era muy competente en su campo. Podía entender por qué la gente quería deshacerse de él a pesar de que conocía su material. Usted podría pensar que, si ese fuera el caso, si él conocía los hechos y dominaba su campo, entonces las personalidades y la política no serían un problema. ¿Se imagina a una persona que pierde su posición como profesor o es perseguida porque a la gente no le gusta lo que está enseñando? ¡Qué antiamericano! ¡Qué poco académico! Pasa todo el tiempo. Sucede especialmente cuando se mantiene no sólo a una escuela de pensamiento contraria, sino a una escuela de pensamiento religiosa que se desprecia.

Los hechos no determinan lo que la gente creerá. Eso no es algo muy halagador para decir y puede requerir revisar su visión de la naturaleza humana, pero estoy convencido de que es verdad.

Permítanme darles otra ilustración, una vez más, no en el dominio religioso. No me gusta el cineasta Oliver Stone, ni me gusta su punto de vista sobre varios temas, pero quedé muy complacido con lo que hizo en su película *JFK de*

1991. La película fue un reto para la gente. Sé que armó reconstrucciones imaginarias con fragmentos de películas que no siempre eran reales. Sé que a veces se excedió en su desdén por la Guerra de Vietnam y trató de presentarla de una manera que no parece equilibrada ni precisa para aquellos de nosotros que vivimos ese período.

> *La gente no cree las cosas porque los hechos exigen que las crean. Los hechos no suelen resolver los conflictos.*

Me doy cuenta del tipo de hombre que es Stone, pero también estoy agradecido por esta película. Eso es porque presentó, incluso de manera exagerada, la dificultad del informe de la Comisión Warren y su reconstrucción de cómo fue asesinado el presidente John F. Kennedy . Hay muchas personas en nuestro país que se dan cuenta de que no es tan simple tener un grupo de personas que se reúnan, analicen los hechos, los reduzcan, los resuman y luego nos los entreguen en bandeja. y que los hechos hablen por sí solos. No sucede así.

Esa película, sin embargo, y la forma en que hizo pensar a la gente, es una ilustración fantástica de algo que quiero transmitir en mi enseñanza de la filosofía. La gente no cree las cosas porque los hechos exigen que las crean. Los hechos no suelen resolver los conflictos.

CAMBIAR LA COSMOVISIÓN NO ES FÁCIL

Cuando los hechos resuelven conflictos, notará que el conflicto es siempre una controversia pequeña o limitada que no tiene muchas implicaciones y no requiere que las personas cambien sus vidas o su manera de ver las cosas. Usted y yo podemos tener un desacuerdo sobre cuánto cuesta comprar un Whopper en el Burger King local. Pero podríamos caminar hasta Burger King y mirar el letrero y ver cuánto cuesta, y vería que tenía razón todo el tiempo.

Ese es un ejemplo de un desacuerdo que se resuelve mediante una inspección de los hechos. ¿Pero por qué estábamos discutiendo? ¿Algo de trascendental importancia o gran significado filosófico donde las cosmovisiones están en juego? ¿Se arruinaría mi vida si me equivocaba con el precio de un Whopper? Puedo actuar así. Puedo discutir y emocionarme y exagerar. Pero no tiene un impacto en mi sistema de creencias y cosmovisión en general.

Eso es porque estamos de acuerdo en casi todo lo demás, en cuál es la naturaleza de la vida y qué tan buenos pueden ser o no los Whoppers. Simplemente no estamos de acuerdo en algo interno a nuestra forma de ver el mundo. Dado que esa es la naturaleza del desacuerdo, es algo insignificante, no muy emotivo, no muy significativo ni que transtorne la vida, por lo que podemos ir y ver los hechos y, en su mayor parte, resolver las cosas de esa manera.

Pero ¿y si estamos hablando de la naturaleza de la vida misma? ¿Sobre si vamos a responder ante un Dios santo algún día? ¿Sobre si este universo es eterno o fue creado por Dios? ¿Sobre la deidad de Cristo? ¿Sobre si la homosexualidad es un estilo de vida alternativo? Y así. Cosas así no son como el precio de un Whopper en Burger King. Aquí hay mucho en juego de un alto nivel emocional porque, dependiendo de las respuestas, las personas tendrán que cambiar sus vidas, tal vez sus profesiones, van a tener que ver el mundo de otra manera.

Y cuando se trata de ese tipo de cosas, los hechos no siempre conmueven a la gente. Usted podría pensar que deberían. Está bien, deberían. Pero en el mundo real, no lo hacen. Incluso en un caso como "¿Quién mató a JFK?", no lo hacen. Algunas personas, ya sea por adulación al presidente o por odio a la administración o, en el caso de Oliver Stone, obsesión con la guerra de Vietnam, encuentran imposible mirar todos los documentos y las pruebas y llegar a una conclusión común.

> *Los hechos no hablan por sí solos. La forma en que ve los hechos, de hecho, lo que toma como un hecho, está determinada por sus suposiciones internas.*

¿Por qué no pueden? Porque los hechos no hablan por sí solos. La forma en que ve los hechos, de hecho, lo que toma como un hecho, está determinada por sus suposiciones internas. Nunca se convertirá en un buen ponente si no se da cuenta de eso. Las personas no se dejan influir por los hechos, aunque sus suposiciones iniciales o sus cambios de opinión pueden verse reforzados por los hechos. Ponga un hecho sobre la mesa y no cambiará los compromisos filosóficos subyacentes.

LOS MILAGROS NO SIEMPRE CAMBIAN LA MENTE DE LAS PERSONAS

¿Qué hay de los milagros? Los milagros cambian la mente de las personas, ¿no?

Sin embargo, considere el libro de Éxodo. Dios hizo una

serie de milagros en Egipto. Envió plagas a los egipcios. Las primeras plagas fueron ataques filosóficos bien ubicados contra los dioses egipcios y la forma en que veían la vida. En la última plaga, cada primogénito murió en una noche en particular, todos los hijos primogénitos excepto aquellos que por casualidad hicieron algo aparentemente supersticioso de poner la sangre de un cordero en los marcos de sus puertas.

¿Qué pensaría si fuera un israelita y viera que eso sucede? No fue una plaga indiscriminada que mató a personas de todas las edades o incluso a todos los niños. Dios envió el ángel de la muerte y mató, específicamente, a los hijos mayores, todos a la vez, y perdonó a los israelitas. Fue un milagro asombroso.

Los israelitas sabían lo que Dios podía hacer. No solo habían visto las plagas anteriores; ellos también vieron este gran milagro. Y los egipcios finalmente dijeron: "¡Fuera de aquí! No los queremos aquí. Son una plaga en nuestra sociedad. Los israelitas dijeron: "Gracias. ¿Nos regalan sus joyas? Nos vamos de aquí." Y se van.

Pero luego llegan al Mar Rojo y no pueden cruzar para entrar a la Tierra Prometida. Peor aún, Faraón y los egipcios han *cambiado de* opinión. El Faraón ha enviado sus carros y su caballería, sus mejores soldados, y están persiguiendo a los israelitas. Ahora bien, ¿cambian los milagros la mente de las personas? Uno pensaría que los israelitas dirían: "Si Dios pudo enviar algo como una bala mágica a Egipto y matar a los primogénitos y perdonar a nuestros hijos, Dios controla todo el universo. ¿A quién le importa que los egipcios nos persigan? ¡No hay problema!"

En cambio, criticaron a Moisés. "Qué buen trabajo hiciste,

Moisés. Nos trajiste aquí para morir. No podemos cruzar el mar, estamos encerrados y aquí viene el ejército para masacrarnos".

¿Los hechos, incluso los hechos milagrosos, cambiaron su visión del mundo, cambiaron sus corazones, cambiaron su forma de hacer las cosas y su forma de pensar? Para nada.

> *¿Los hechos, incluso los hechos milagrosos, cambiaron la cosmovisión de los egipcios, cambiaron sus corazones, cambiaron su forma de hacer las cosas y su forma de pensar?*

Dios fue misericordioso. Le dio a Moisés las instrucciones para dividir el Mar Rojo. ¿Fue un milagro o qué? La gente a veces dice que la marea estaba baja y que el viento sopló toda la noche y que el agua estaba baja para que la gente pudiera cruzar. Pero cuando Faraón y su ejército los persiguieron y Dios hizo caer sobre ellos muros de agua, se ahogaron. No conozco muchos ejércitos que se ahogarían en 8 centímetros de agua.

Dios abrió el mar, con muros de agua a ambos lados. Y no cruzaron por tierra fangosa; cruzaron por tierra seca (Ex. 14:29). Puedo imaginar a los niños israelitas caminando, mirando los peces en el agua a ambos lados, como si fuera Sea World. Y luego (es solo la aleatoriedad del universo, por supuesto) el mar se encuentra con Faraón porque cree que puede tomar la misma ruta.

Ahora, usted es un israelita. Está al otro lado del Mar Rojo. Ha visto a Dios matar a los primogénitos. Lo ha visto matar a Faraón y sus ejércitos en el Mar Rojo, dos grandes milagros, sin mencionar los milagros de calentamiento: las plagas, antes de ese momento. Ha visto milagro tras milagro, y ahora sabe que Dios tiene el control de todas las cosas. Él cuidará de usted. Puede confiar en Él.

¿No es eso lo que leemos en nuestras Biblias? No. La próxima vez que los israelitas tuvieron un problema, volvieron a quejarse contra Moisés. De hecho, cuando llegamos a Éxodo 17, Moisés ha sido desafiado tres veces más y ahora están listos para matarlo. Moisés se queja con Dios: "Están a punto de matarme, Dios. ¿Qué haré con esta gente?"

Podríamos ir más allá, pero mi punto es ilustrarles que los milagros no cambian la filosofía de las personas. Los hechos no lo hacen.

"PASAN COSAS EXTRAÑAS EN EL UNIVERSO"

Imaginemos que estoy hablando con un **naturalista**, el físico que no cree en Dios y no cree en los milagros. Comienzo por martillar con evidencia de la resurrección de Jesucristo. Hay considerable evidencia histórica para ello. Es muy reconfortante para mí. Reafirma mi fe, y me alegro de que haya pruebas. Pero sigo lanzando estos hechos a este naturalista, preguntándole: "¿Qué haces con eso?" Finalmente, dice: "Está bien, está bien. No sé qué hacer con eso. Históricamente, parece como si tuviera que conceder que este hombre, Jesús de Nazaret, volvió a la vida". Ahora pienso, "Está bien, lo tengo, finalmente. Ahora va a tener que convertirse en cristiano. Ahora va a cambiar su estilo de vida. Ahora reconocerá la soberanía del cielo y doblará sus rodillas ante el Señor".

Lo que dice a continuación es esto: "Suceden cosas extrañas en el universo. Uno de estos días, podremos explicarlo." Le arrojé los hechos una y otra vez, pero él no cambió su filosofía interna. Cada vez que recibía uno de esos hechos, simplemente lo tiraba por encima del hombro a lo que era, para él, un pozo sin fondo para hechos que no encajaban con sus presuposiciones.

Podría decir: "Envíalo a *Ripley's Believe It or Not*. Suceden cosas extrañas. ¡Un muerto se levanta! Tenemos programas de televisión que se especializan en ese tipo de cosas. ¿Dónde está el *National Enquirer* cuando lo necesitas?"

¿Es esa la forma correcta de responder a la resurrección de Jesucristo? No. No solo está mal; está totalmente mal, espiritualmente totalmente mal. Pero debido a que el incrédulo está espiritualmente muerto, no va a ver los hechos por lo que son.

La mayoría de las personas no llegarán tan lejos si les arrojamos los hechos. La mayoría de la gente ni siquiera aceptará que un hecho sea un hecho. Su filosofía dice: "No, eso no puede ser. Eso no encaja en mi cosmovisión, por lo que no puede ser un hecho". Lo derribarán. Incluso cuando le arroja la mejor evidencia que tienes de la resurrección de Jesús, pueden tomarla y decir: "Gran cosa". La razón de esto es que no han cambiado su filosofía. No han cambiado su perspectiva mental o, para decirlo en términos más sofisticados, no han cambiado sus presuposiciones.

Ellos ven el mundo de una manera particular, y lo único

que les has dado es más agua para que sus molinos interpreten el mundo de esa manera. Les lanzas milagros. Y tratan de darte una explicación naturalista del milagro.

> *Ven el mundo bajo una luz naturalista. Les lanzas milagros. Y tratan de darte una explicación naturalista del milagro.*

Usted podría pensar: "¡Pero no deberían hacer eso!" Pero cuando las personas no aceptan la evidencia por lo que dice que es, incluso cuando tiene razón, y cuando no aceptan que la evidencia prueba lo que cree que prueba, están en su derecho intelectual de no hacerlo.

No digo que estén en sus derechos *espirituales,* ni digo que tengan razón. Estoy diciendo que están dentro de sus derechos *intelectuales* dados sus supuestos naturalistas. Si usted no hace nada más que darles más molienda para sus molinos, y luego usan los molinos en esa molienda, no puede culparlos por eso. Si no puede desafiar su filosofía de vida, ¿por qué deberían pensar que su filosofía de vida ha sido desafiada? Después de todo, la filosofía de vida de ellos puede acomodarse a los hechos, tal como su filosofía de vida *aparentemente* se puede acomodar a los hechos.

Como cristianos, creemos, y estoy seguro de que tenemos razón, que las personas deben trabajar arduamente para perder el significado de los hechos y lo que nos dicen sobre Dios y sobre la verdad de la Biblia. Deben trabajar muy duro. Pero dentro de su sistema filosófico, están en su derecho intelectual de tratar los hechos que les presentas de la forma en que lo hacen. Necesitamos hacer *algo* más que presentar los hechos. Necesitamos ir tras la filosofía por la cual la gente acepta e interpreta los hechos.

> *Necesitamos hacer algo más que presentar los hechos. Necesitamos ir tras la filosofía por la cual la gente acepta e interpreta los hechos.*

Eso puede sonar desalentador, pero son buenas noticias. Podría pensar que si va a confrontar a un incrédulo, debe saber muchos hechos. Esto puede hacerlo sentir intimidado, por ejemplo, por cuánto tendría que aprender a discutir sobre la evolución. Algunos de ustedes pueden hacer eso. La mayoría de ustedes debería hacer al menos algo de eso. Pero cuando todo está dicho y hecho, no son solo los hechos los que marcarán la diferencia. Existe un método de razonamiento mediante el cual, con solo un poco de munición, puede enfrentarse a todos los que vengan, un método de razonamiento que le permitirá utilizar cualquier hecho que tenga para defender la fe.

GLOSARIO

Naturalismo: También se le conoce como "ateísmo, materialismo científico y humanismo secular. ... La creencia más fundamental de la que emanan todas las demás es que la naturaleza o la materia es todo lo que existe. Siempre ha existido, o llegó a existir de la nada. No hay nada fuera o antes de la naturaleza, es decir, el universo material que es estudiado por la ciencia moderna. No hay Dios ni lo sobrenatural."[25]

---

[25] Terry Mortenson, *"The Religion of Naturalism,"* Answers in Genesis (May 5, 2017): https://bit.ly/2UrBDxD

Ética política: (también conocida como moralidad política o ética pública) es la práctica de hacer juicios morales sobre asuntos y agentes políticos desde cosmovisiones operantes. La Biblia tiene mucho que decir acerca de la ética política o civil.

Presuposición: "Una 'presuposición' no es cualquier suposición en un argumento, sino un compromiso personal que se mantiene en el nivel más básico de la red de creencias de cada uno. Las presuposiciones forman una perspectiva fundacional de amplio alcance (o punto de partida) en términos de los cuales se interpreta y evalúa todo lo demás. Como tales, las presuposiciones tienen la mayor autoridad en el pensamiento de uno, son tratadas como las creencias menos negociables y se le otorga la más alta inmunidad a la revisión".[26]

Cosmovisión: Una cosmovisión es una red de presuposiciones que no son comprobadas por las ciencias naturales, en términos de las cuales se relaciona e interpreta toda experiencia que incluye presuposiciones sobre la naturaleza de Dios y el hombre, el mundo, cómo sabemos lo que sabemos y cómo se supone que debemos vivir nuestras vidas.

---

[26] Greg L. Bahnsen, *Van Til's Apologetic: Readings and Analysis* (Phillipsburg, NJ: Presbyterian and Reformed, 1998), 2, note 4.

PREGUNTAS PARA DISCUSIÓN

1. ¿Por qué la fe es el fundamento de la razón, incluso de la "fe" de la evolución?

2. Los hechos no determinan lo que la gente creerá. ¿Por qué?

3. ¿Por qué los hechos no hablan por sí solos?

4. ¿Los milagros cambian las cosmovisiones? Conversar.

5. Cuando presentamos la Resurrección de Jesucristo a un incrédulo, ¿por qué debemos seguir la filosofía por la cual la gente acepta e interpreta los hechos?

6. ¿Cómo los incrédulos a menudo tratan y descartan las evidencias que los cristianos presentan como validación para la cosmovisión cristiana?

7. ¿Qué significa decir que un incrédulo puede estar dentro de sus derechos *intelectuales* cuando discute sobre evidencias relacionadas con la fe cristiana?

CAPÍTULO 4
RAZONANDO COMO UN CRISTIANO DEBE RAZONAR

En los capítulos anteriores, hemos estado hablando sobre la forma en que las convicciones subyacentes controlan la forma en que interpreta los hechos que ve en su vida. Muchos de ustedes conocerán esta historia, pero yo se las recordaré.

Hay un hombre que cree que está muerto. Tiene una extraña condición psicológica y está convencido de que es un muerto viviente. Acude a un psiquiatra que trata de ayudarle, sacarlo de este enigma y mostrarle que no está muerto. Nada funciona.

Finalmente, el psiquiatra se frustra. Decide tratar de forma científica con el hombre.

Él dice: "Ahora escúchame, Bill. ¿Los muertos tienen sangre recorriendo sus cuerpos?

"No."

"Entonces, si cortas a un hombre muerto, ¿sangrará?"

"No."

El psiquiatra lo toma de la mano, usa un alfiler y le pincha el dedo, la sangre sale a borbotones. El psiquiatra dice: "Ves, Bill. Los hechos lo prueban. No estás muerto."

El paciente mira su dedo por un minuto y dice: "¡Mira! ¡Los muertos sangran!

Cuando expones un hecho, la forma en que una persona va a responder depende de sus suposiciones internas. En este caso, el paciente tenía dos convicciones. Una era que estaba muerto, la otra era que los muertos no sangran. Pero cuando se le presentan pruebas en contra, no se puede decir desde un punto de vista filosófico cuál de esas dos creencias abandonará.

Nadie tiene una creencia por sí misma en el vacío. Todas nuestras creencias se mantienen en tándem, si puedo decirlo de esa manera. No puede creer una cosa sin creer otra cosa además de ella. Es imposible examinar las creencias de forma singular. Es posible que no siempre juntemos las creencias que están siendo probadas por nuestros experimentos, pero siempre estamos probando *grupos* de creencias.

> *No puedes creer una cosa sin creer otra cosa además de ella. Es imposible examinar las creencias de forma singular.*

En este caso, el paciente tenía esta agrupación de creencias: en el nivel más profundo, pensaba que estaba muerto. En un nivel un poco más alto, pensó que los muertos no sangran. Luego, cuando se le mostró que *sangraba* renunció a la creencia de nivel más alto y retuvo su convicción más profunda de que estaba muerto. Es un procedimiento sencillo. Lo tomamos en broma, pero es profundo para usted mientras defiende la fe.

DETERMINANDO LAS CONVICCIONES FUNDAMENTALES DE UNA PERSONA

Debe comprender que, a menos que las personas cambien sus convicciones más fundamentales acerca de la naturaleza de la realidad —cómo sabemos lo que sabemos y cómo debemos vivir nuestras vidas— y a menos que cambien sus convicciones subyacentes acerca de Dios, el hombre y la relación entre ellos, entonces tratarán los hechos de la misma manera que el paciente psiquiátrico trató el hecho de su sangrado. Continuarán pensando que Dios no existe e idearán dispositivos de rescate para esa convicción cambiando otras creencias en su lugar.

Por lo tanto, lo más importante que puede hacer al defender la fe como cristiano es aprender a razonar como debe razonar un cristiano. No es tan importante que acumule evidencias equivalentes a una enciclopedia, aunque debería tener algunas. Ese no es el punto crucial. El punto crucial es aprender a pensar como cristiano.

Permítanme ilustrar esto con mi propia vida. No digo esto porque quiera elogios, pero hubo un momento en que decidí que quería especializarme en **apologética**, la defensa de la fe cristiana. En ese momento, pensé: "Bueno, entonces, hay todo este material, especialmente sobre religiones y cultos falsos, que tengo que aprender".

Creo que necesita aprender sobre esas cosas. No estoy diciendo que pueda hacer apologética sin ninguna información. Pero hay libros y libros y libros sobre estos temas. Y le horrorizaría saber cuántas variaciones y cuántos pequeños cultos y religiones diferentes hay.

Y pensé, "¿Cómo voy a dominar todo este material?" Pero no tenía que dominar todo ese material. Tuve que dominar las cuestiones fundamentales de la filosofía religiosa. Espero, por la gracia de Dios, qué haya hecho eso o que me acercara. El resultado fue que no me preocupé por si alguien que me encontrara quisiera hablar sobre religión.

No importa el tipo de subdivisión de una subdivisión de cualquier culto extraño al que pertenezca una persona, no hace ninguna diferencia. Las preguntas son las mismas, y los problemas con las respuestas no cristianas son los mismos. Se ahorra mucho tiempo llegando a la base. No tiene que dominar todos los detalles de alto nivel de lo que cree todo el mundo, porque puede hablar con casi cualquier persona si sabe las preguntas correctas y sabe qué presionar con respecto a sus suposiciones operantes. Esta es una variación del método de defender la fe conocido como dar al incrédulo suficiente cuerda para ahorcarse. Si sabe cómo hacer las preguntas correctas y sabe qué temas abordar, podrá lidiar con cualquier visión del mundo, cualquier filosofía subyacente que surja.

Si quieres desarrollar una cosmovisión cristiana que le permita defender la fe de esta manera, aquí hay algunos consejos.

SER AUTOCONSCIENTE DE SUS PROPIAS PRESUPOSICIONES

En primer lugar, debe ser consciente de sus propias presuposiciones. En Proverbios 1:7, el escritor nos dice que "El principio de la sabiduría es el temor de Jehová;Los insensatos desprecian la sabiduría y la enseñanza." Debe ser consciente de que, como cristiano, tiene un enfoque distintivo sobre cómo debe razonar la gente, cómo debe sacar sus conclusiones.

Debe saber algo acerca de las convicciones teológicas subyacentes que le hacen cristiano. ¿Qué cree acerca de Dios, la creación del mundo, la relación de Dios con el mundo, cómo Dios salva a las personas de sus pecados, cómo sabemos lo que sabemos acerca de Dios y cómo nos llama a vivir? Tiene que ser consciente de estas preguntas. No servirá de nada tener algún tipo de etiqueta general: "Soy cristiano". Debe saber cuál es la esencia de eso. ¿Qué es esencial para ser cristiano? ¿Qué dice la Biblia acerca de estas cosas?

LA NEUTRALIDAD ES IMPOSIBLE

Debe darse cuenta de que la neutralidad no es una posibilidad para usted. Es imposible que deje de lado sus convicciones cristianas y entre en una discusión con alguien—un profesor, un compañero de cuarto, quien sea—

diciendo, "Seamos todos neutrales acerca de esto. Finjamos todos que no tenemos ninguna presuposición". No puede mantener una conversación fingiendo que algo no es así cuando lo es y luego ser capaz de predecir hacia dónde irá la conversación. Aquí está la peor parte: cuando finge que no tiene presuposiciones, y deja que el incrédulo finja que no las tiene, adivine de quién son las presuposiciones que va a usar -las del incrédulo.

El incrédulo no va a decir accidentalmente: "Bueno, creo que he estado asumiendo todo el tiempo que el cristianismo es verdadero y que la Biblia tiene razón". Eso no va a pasar. Cuando el incrédulo dice "dejemos de lado nuestras convicciones y nuestros distintivos y ambos tratemos de ser neutrales", se dé cuenta o no, le está invitando a dejar de lado sus presuposiciones *cristianas* Él quiere decir: "Seamos seculares sobre esto".

> *No puede mantener una conversación fingiendo que algo no es así cuando lo es y luego ser capaz de predecir hacia dónde irá la conversación.*

Debe volverse consciente de cuáles son sus presupuestos y darse cuenta de que ser neutral es una imposibilidad para todos, incluido usted mismo. En Juan 17:7, Jesús oró a nuestro Padre celestial para que fuéramos apartados por la verdad, y luego declaró: "Tu palabra es verdad". Jesús quiere que su pueblo sea un pueblo distintivo, apartado, único, consagrado. Y Él quiere que seamos consagrados específicamente por la verdad. Lo que nos hace diferentes es que la verdad nos ha hecho libres y nos ha hecho un pueblo diferente.

Piense de nuevo en las palabras de Jesús: "Tu Palabra es

verdad". Lo que hace diferentes a los cristianos cuando razonan con los incrédulos, cuando van al laboratorio de ciencias, cuando hacen literatura o traducciones, o juegan baloncesto, es que todo lo que piensan y hacen está guiado por la Palabra de Dios. El temor del Señor es el principio de la sabiduría, el punto de partida para el conocimiento.

Tenemos la idea de que lo que realmente deberíamos hacer es dejar de lado todas nuestras convicciones filosóficas, todas nuestras presuposiciones, para luego pelear la batalla sobre los hechos, y al final del proceso de razonamiento doblar la rodilla a Dios y honrar su autoritaria y *soberana* prerrogativa. Al final de todo el proceso, vamos a decir: "Sí, hay un Dios. La Biblia es verdadera. Debo convertirme en cristiano", pero *solo* al *final* del proceso. Cuando Proverbios dice que el *principio* del conocimiento es el temor del Señor.

Eso no sucede después de que usted haya descubierto todo y haya probado a su propia satisfacción que la Biblia es verdadera.

Ese es el punto de partida del conocimiento. Pero hay mucha gente que no empieza en ese punto. Eso es cierto, y Proverbios también trata con ellos. Continúa diciendo: "Los necios desprecian la sabiduría y la instrucción". Si no va a comenzar con Dios como su presuposición abierta y operante, el Dios vivo y verdadero, el Dios que se revela en las Escrituras, si no hace de este su punto de partida, entonces terminara siendo un tonto y usted despreciara la sabiduría y la instrucción.

> *Si comienza con una cosmovisión cristiana, doblando la rodilla y el corazón ante el Señor, entonces puede darle sentido a este mundo.*

Este es el punto que quiero recalcar: si comienza con una cosmovisión cristiana, doblando la rodilla y el corazón ante el Señor, si comienza con presuposiciones cristianas, una perspectiva cristiana, entonces puede darle sentido a este mundo. Pero si no empieza con eso, no podrá encontrarle sentido a nada. Terminará despreciando la sabiduría y la instrucción. El libro de Proverbios tiene razón, su punto de partida va a determinar a dónde llegará al final. Tome las decisiones correctas. Asegúrese de que sus fundamentos filosóficos son seguros. Sea consciente de sus presuposiciones. Ese es mi primer consejo.

LA COSMOVISIÓN CRISTIANA SE CONSTRUYE SOBRE LA BIBLIA

Segundo, asegúrese de que lo que piensa como cristiano esté gobernado y corregido por la Palabra de Dios y no por tradiciones mundanas. En Colosenses 2:3-8, el apóstol Pablo enseña esto mismo. Pablo dice acerca de Jesucristo,

> En quien están escondidos todos los tesoros de la sabiduría y del conocimiento. Y esto lo digo para que nadie os engañe con palabras persuasivas. Porque, aunque estoy ausente en cuerpo, no obstante en espíritu estoy con vosotros, gozándome y mirando vuestro buen orden y la firmeza de vuestra fe en Cristo. Por tanto, de la manera que habéis recibido al Señor Je-

sucristo, andad en él; arraigados y sobreedificados en él, y confirmados en la fe, así como habéis sido enseñados, abundando en acciones de gracias. Mirad que nadie os engañe por medio de filosofías y huecas sutilezas, según las tradiciones de los hombres, conforme a los rudimentos del mundo, y no según Cristo

Pablo comienza en el versículo 3 diciéndonos lo que vimos en Proverbios 1:7: "El principio de la sabiduría es el temor de Jehová". Pablo lo expresa de esta manera: Todos los tesoros de la sabiduría y el conocimiento, todo lo que el hombre puede saber, está escondido en Cristo. Si no se parte de Jesucristo y de la revelación de Cristo, se destruye la posibilidad de saber algo.

No niego que muchos incrédulos son personas muy inteligentes. A menudo saben mucho más que nosotros. El hombre que me operó a corazón abierto, que no es creyente, sabe *mucho* más que yo sobre la anatomía humana y el funcionamiento del corazón humano. No lo dudo ni por un momento. Pero lo que él sabe y lo que todo incrédulo que usted conoce sabe es un tesoro que Jesucristo hace posible. Cuando no honramos a Aquel en Quien están depositadas todas estas verdades, cuando no vemos que debemos honrar la revelación de Cristo para dar sentido a lo que sabemos, entonces somos culpables de robarle al Señor. En Cristo están depositados todos los tesoros de la sabiduría y del conocimiento. Pablo dice: "Por eso les digo esto, se los digo para que nadie los engañe con palabras persuasivas. No quiero que la gente venga y los engañe".

TODA VERDAD DEPENDE DE CRISTO

Quiero que sepa que si no es consciente de que toda verdad depende de Cristo (o lo que llamaremos la cosmovisión cristiana, lo que Cristo nos revela acerca de sí mismo, de nosotros y del mundo) entonces la gente vendrá con un discurso persuasivo y lo engañará fácilmente. Su profesor universitario puede ser muy inteligente cuando se trata de cálculo y geología o física. Pero no sabe nada de lo que pueda dar explicación si no tiene a Jesucristo como parte de su pensamiento.

Pablo dice: "Quiero que lo sepáis, para que no seáis engañados con palabras persuasivas".

En Colosenses 2:8, él escribe: "Miren (observen, estén atentos) que nadie los robe. Miren que nadie los engañe por su filosofía y huecas sutilezas, según las tradiciones de los hombres, según los **principios elementales** del mundo, y no según Cristo."

Ocasionalmente, algunas personas me han dicho que este versículo indica que yo estaba en pecado por estudiar filosofía. Tenían buenas intenciones, pero creo que estaban muy equivocados. ¿Es eso lo que dice Pablo? Pablo no dice: "No estudies filosofía". Lo que dice es: "Cuidado con la filosofía". Él no dice "Cuidado con *toda* filosofía". Él dice: "Cuidado con un tipo particular de filosofía". Filosofía que él llama "vano engaño, según las tradiciones de los hombres" y "según los principios elementales del mundo". La palabra griega "filosofía" significa el amor (*philo*) de la sabiduría (*sophia*). ¿Quién es la fuente de toda sabiduría? ¡Es Dios! Es por eso que el libro de Proverbios ancla la sabiduría en el carácter de Dios para que podamos conocerlo y entenderlo a Él, a nosotros mismos y a nuestro mundo. La Biblia enfatiza que "adquirimos sabiduría", porque adquirir sabiduría conduce a la comprensión: "La sabiduría *es* primordial; *por lo tanto, adquiere* sabiduría"

(Proverbios 4:5, 7).

> *Pablo no dice "No estudies filosofía".*
> *Lo que dice es "Cuidado con la filosofía".*

Las diversas traducciones expresan esto de diferentes maneras, pero creo que "principios elementales" es la mejor traducción. La palabra griega es *stoicheia*. Se encuentra en otras partes del Nuevo Testamento (Gálatas 4:3, 9; Col. 3:20; 2 Pedro 3:10, 12). En Hebreos 5:12, por ejemplo, se usa para lo que equivale a los componentes básicos del aprendizaje. Las *stoicheia* son los principios básicos por los que aprendemos.

Aquí Pablo dice: "Tened cuidado de no tener una filosofía que sea un vano engaño, según la tradición de los hombres y según los cimientos del aprendizaje del mundo, los elementos o *stoicheia* del mundo. Cuidado, no con toda la filosofía, sino con un tipo particular de filosofía, una filosofía que es un engaño".

Es un engaño vano porque no se aprende de la revelación de Dios y luego pretende ver todo el mundo a la luz de eso.

Y es una "filosofía que sigue las tradiciones de los hombres". Es difícil para un cristiano entrar en el estudio de la filosofía y no ser arrastrado a pensar que debe seguir una de esas tradiciones de hombres. La presión para hacerlo es grande. Se le dirá que no puede llevar su cristianismo a la filosofía. Pablo dice: "Cuidado. No deje que esas palabras persuasivas le engañen. No se deje robar el conocimiento que tiene".

Hay una conexión entre Colosenses 2:8 y el versículo 3. El versículo 3 habla de todos los tesoros que son suyos en Cristo. El versículo 8 dice: "No se deje robar". ¿Cuáles son los tesoros que le pueden robar? "Los tesoros de la sabiduría y el conocimiento". Tenga cuidado. Puede saber cosas basadas en la revelación de Jesucristo, pero si es persuadido por palabras humanas y sigue las tradiciones humanas y sigue los principios elementales de aprendizaje del mundo, será robado.

Pablo no dice "No hagas filosofía". Él dice: "Cuidado con la filosofía que está centrada en el hombre". No dice que toda filosofía sea mala. Dice que hay que tener cuidado con un tipo particular de pensamiento filosófico. Pero observe la última parte del pasaje. Él dice que debemos "Mirad que nadie os engañe por medio de filosofías y vanas sutilezas, según las tradiciones de los hombres y los principios elementales del mundo, **y no según Cristo**". Él cree que hay una filosofía (el estudio y el amor a la sabiduría) que es después de Cristo, y debemos tener cuidado de no ir detrás de una de las otras filosofías. Él dice que debe tener cuidado de que su filosofía sea después de, o de acuerdo con Cristo, "en quien están depositados todos los tesoros de la sabiduría y el conocimiento".

Es muy importante, entonces, a medida que desarrolla su cosmovisión cristiana, que sea consciente de lo que cree. Sea consciente de cuáles son sus presuposiciones. Además, asegúrese de que sus presuposiciones estén gobernadas y corregidas por la Palabra de Dios, no por tradiciones mundanas, no por lo que dicen simples hombres.

Eso significa que debe convertirse en un buen estudiante de la Biblia. Si no presta atención a la Palabra de Dios, no desarrollará conscientemente una perspectiva cristiana.

RECONOZCA LA AUTORIDAD ÚLTIMA DE DIOS EN TODO

Tercero, necesita reconocer la autoridad suprema de Dios en todo lo que cree y hace. Eso parece un punto obvio, pero muy pocos cristianos lo han pensado. La autoridad última de Dios está bien expresada por el apóstol Pablo en Romanos 3:4. Se propuso un cierto pensamiento, y Pablo dice: "De ninguna manera; antes bien sea Dios veraz, y todo hombre mentiroso"

¿Está preparado, en corazón y alma, para estar de acuerdo con lo que dice Pablo? Él está diciendo que, si todo el mundo estuviera de acuerdo en contra de lo que Dios dice en su Palabra, entonces que Dios sea veraz. Tiene que estar preparado para decir del mundo entero, incluso de su madre y su padre, de su novio o de su novia, y de todos los profesores de su universidad, sin importar cuán prestigiosos sean: "Están mintiendo si no están de acuerdo con lo que Dios dice"

Nada tiene prioridad sobre la Palabra de Dios. Nada. Eso no significa que esté mal que reconsidere su interpretación de la Palabra de Dios. Como cristianos, crecemos en nuestro entendimiento. Descubrimos que no lo teníamos bien anteriormente. Pero debe ser su compromiso teórico *que si la Biblia* enseña algo, y en la medida en que usted cree que la Biblia enseña algo, no puede permitir que nada se interponga en el camino de ese compromiso. Es posible que tenga algo que lo obligue a regresar y decir: "¿Lo interpreté correctamente?" Pero no puede ser el caso que, debido a que tanta gente no está de acuerdo con usted, diga: "Bueno, entonces, supongo que la Biblia debe estar equivocada". Recuerde: "Sea Dios veraz, pero todo hombre mentiroso".

La mayoría de la gente adopta el enfoque de la encuesta de Gallup sobre la verdad. Es posible que no lo hagan conscientemente. Es posible que no le digan explícitamente que lo están haciendo. Pero lo hacen. La mentalidad es que descubrimos la verdad contando narices: ¿Cuántas personas dicen esto? ¿Cuántas personas dicen eso? La mayoría siempre tiene la razón. Es la democracia **epistemológica**, es decir, la democracia en nuestra teoría del conocimiento.

> *La máxima autoridad de Dios es algo de lo que debe ser muy consciente si va a desarrollar una cosmovisión cristiana.*

No estoy en contra de la teoría social de la democracia. En una sociedad donde la gente no está de acuerdo, la mayoría debe gobernar, debe determinar quién nos gobierna, etc. Está bien. Pero cuando se trata de cuestiones de verdad, no importa en absoluto lo que diga la mayoría. Pablo dice: "Podría tener el mundo entero. Podría tener al 100% de las personas en el mundo diciendo algo contrario a Dios, pero deje que Dios sea veraz, y todo hombre mentiroso".

La máxima autoridad de Dios es algo de lo que debe ser muy consciente si va a desarrollar una cosmovisión. No debe permitir que las voces contrarias se interpongan en el camino, ni adoptar la mentalidad de las encuestas de Gallup, una democracia epistemológica donde la voz del pueblo es la voz de Dios. Hay otras cosas que no debe dejar que se interpongan en el camino. Esto puede sonar divertido, pero escúcheme: tampoco debe dejar que los hechos se interpongan en el camino.

CAPÍTULO 4 | 103

LA PALABRA PROFÉTICA SEGURA

Hay una historia sobre Georg Wilhelm Friedrich Hegel (1770-1831), un filósofo alemán que desarrolló quizás el último gran **metafísico** para comprender la historia del mundo, la naturaleza de la realidad, etc. Sería demasiado largo describirlo aquí, pero tenía un lugar para todo. Todo encajaba en la visión de Hegel sobre la forma en que intentaba comprender la historia, de un modo u otro. No sé si la historia es cierta, pero dice así: una vez un estudiante se acercó a Hegel y le dijo: "Dr. Hegel, los hechos no se ajustan a su teoría", y luego dio algunas ilustraciones, a las que, se dice, Hegel respondió: "Entonces los hechos se cuelgan".

Eso no es lo que estoy diciendo. No estoy diciendo: "Bueno, entonces, los hechos se cuelgan", como si fuéramos a cerrar los ojos ante cualquier cosa. Sin embargo, quiero que comprenda que lo que usted ve como un hecho y cómo interpreta un hecho se regirá por sus presuposiciones.

Tenemos algunas ilustraciones de eso en el Nuevo Testamento. Comenzaremos con 2 Pedro 1:16–19. Pedro dice: "Nosotros no os hemos dado a conocer el poder y la venida de nuestro Señor Jesucristo siguiendo fábulas artificiosas, sino que hemos sido testigos oculares de su majestad". Pedro está diciendo: "Vimos a Jesús y vimos su gloria". Pedro está pensando en su experiencia en el Monte de la Transfiguración (Mateo 17:1–13). Él dice: "Nosotros no inventamos estas cosas. No somos mentirosos ni cuentacuentos. No seguimos fábulas. Les dijimos lo que vimos como testigos oculares de la majestad y la gloria de Jesús".

Y, sin embargo, mire lo que dice Pedro en 2 Pedro 1:19: "Tenemos también la palabra profética más segura, a la cual hacéis bien en estar atentos como a una antorcha que alumbra en lugar oscuro, hasta que el día esclarezca y el lucero de la mañana salga en vuestros corazones."

Pedro dice: "Fui testigo ocular de la majestad de Cristo", y luego continúa diciendo: "Pero tenemos la palabra de profecía más segura". ¿Más segura que qué? Más segura incluso que mi experiencia ocular. Pedro estaba allí. Podía aparecer en las noticias de los testigos presenciales del mundo antiguo y hablar de Jesús y de lo que vio. Y, sin embargo, nos dice: "La palabra de la profecía es más segura incluso que lo que vi con mis propios ojos".

Piense en Abraham, el padre de la fe. A todos se nos dice que caminemos en los pasos de nuestro padre, Abraham. Pablo nos dice, por ejemplo, que "él es el padre de los que tienen fe". ¿Qué clase de fe tenía Abraham? "(Como está escrito: te he puesto por Padre de muchas naciones) delante de aquel en quien creyó, Dios, que da vida a los muertos, y llama a las cosas que no son, como si fueran. el que en esperanza creyó contra esperanza, a fin de llegar a ser padre de muchas gentes, conforme a lo dicho: Así será tu descendencia" (Rom. 4:17–18).

Aquí está el trasfondo. En el Antiguo Testamento, Dios se le apareció a Abraham cuando él era un anciano, cuando su esposa era una anciana, y además su esposa era estéril, y le dijo: "Abraham, te voy a hacer el padre de muchas naciones

De hecho, vas a tener tantos hijos, que al final serán como la arena del mar y las estrellas del cielo." No sé por qué Abraham no dijo simplemente: "Considera los hechos,

Dios". Pero no lo hizo. Sarah lo pasó peor. Aparentemente, ella estaba escuchando esto y se rió, por lo que el hijo de la promesa ahora se conoce como Risa. Eso es lo que Isaac quiere decir en hebreo: *Itzhak*, "reír".

> *Abraham no desafió a Dios; él le creyó.*
> *Lo que Pablo dice es que*
> *"Él creyó en esperanza contra esperanza".*

Abraham no desafió a Dios; él le creyó. Lo que Pablo dice es que "Él creyó en esperanza contra esperanza". Que gran expresión. ¿Qué significa?

Toda expectativa humana, toda esperanza que Abraham hubiera tenido si hubiera podido acudir a los expertos en fertilidad de su época, habría estado en contra de esto. ¿Se imaginan a Abraham yendo a los médicos, uno tras otro, obteniendo una segunda, tercera, cuarta opinión, preguntándoles "¿Cree que puedo tener un bebé con mi esposa?" Los médicos dirían: "Vamos, Abraham. No hay forma. No vas a tener un bebé, y aunque pudieras, ella no puede".

Fue contra toda esperanza humana que Abraham, en esperanza, creyó. Escuche cómo lo expresa Pablo:

> Él creyó en esperanza contra esperanza, para llegar a ser padre de muchas gentes, conforme a lo que se le había dicho: Así será tu descendencia." Abraham escuchó la Palabra de Dios contra toda expectativa que los expertos empíricos pudieran haberle dado en aquel día. Contra toda expectativa humana, cuando Dios lo

dijo, Abraham dijo: "Él puede hacerlo. Dios puede porque es soberano. Nada es demasiado difícil para Dios.

Debo contarles un poco más sobre Abraham porque la historia es demasiado buena para perdérsela. Aunque Abraham era un hombre de fe, lo echó a perder. Al principio, pensó: "Dios me ha dicho que así es como va a ser, y me ha dejado que averigüe cómo va a suceder". Tomó a Agar, la sierva de su mujer, y de ella tuvo un hijo. Pero para disgusto de Abraham, Dios dijo: "Abraham, estás equivocado. Me refiero a Sara.

Finalmente, Sara tiene un hijo llamado Isaac, recordando la risa de la madre al pensar que Dios haría tal cosa por ella en su vejez y en su esterilidad. Luego, más tarde, después de que Isaac había llegado a ser un hombre joven, Dios se le apareció a Abraham y le dijo: "Abraham, tengo algo que quiero que hagas. Quiero que te prepares para un sacrificio. Haz que Issac te ayude. Salieron a una montaña lejos de donde él vivía. Él preparó el sacrificio. Estaba dispuesto a hacer el sacrificio. Pero, ¿quién era él sacrificio? ¡Su propio hijo! Piénsalo. Abraham creyó contra toda esperanza, según la Palabra de Dios, que le sería dado un hijo de la promesa. Finalmente obtuvo ese hijo, a través del cual tendría nietos y bisnietos y finalmente sería el padre de muchas naciones. Todo dependía de ese niño, y Dios dijo: "Sacrifícalo". La Biblia elogia la fe de Abraham en ese momento de su vida. El libro de Hebreos dice que Abraham estuvo dispuesto a sacrificar a su propio hijo, "creyendo que Dios podía resucitar a los muertos" (Heb 11:19). Abraham no era un cristiano del Nuevo Testamento. No sabía que Lázaro había resucitado de entre los muertos y que Jesús había resucitado de entre los muertos y demás. Miles de años antes, Abraham estuvo dispuesto a sacrificar al único hijo que tenía, que Dios le había dado milagrosamente, porque dijo: "Si es así, Dios resucitará a los muertos para cumplir su promesa". Eso es fe, no es una fe que ignora los hechos. Es una fe que gobierna una comprensión del corazón de los hechos.

ELLOS TIENEN A MOISÉS Y A LOS PROFETAS

Encontramos una ilustración más en Lucas 16:31. Esto está en la historia que Jesús cuenta sobre el hombre rico y Lázaro. El hombre rico vivió una vida de autocomplacencia y cuando murió, fue al Hades y allí estuvo en gran tormento. Lázaro, alguien a quien había ignorado toda su vida, un hombre pobre en su puerta, que estaba tan mal que los perros le lamían las heridas, murió el mismo día y fue al seno de Abraham, que es un modismo judío para el cielo.

Jesús cuenta la historia del hombre rico en el infierno y su tormento, viendo a Lázaro, sabiendo lo que podría haber tenido. Grita preguntando si le sería posible regresar y advertir a sus hermanos en la tierra sobre este terrible lugar. Jesús pone en boca de Abraham las propias palabras de Jesús, respondiendo a este punto de vista. Jesús hace que Abraham diga: "Si no oyen a Moisés y a los profetas, tampoco se persuadirán aunque alguno se levantare de los muertos" (Lucas 16:29).

¡Espera un minuto, Jesús! Si tuvieran los hechos, si tuvieran un hecho milagroso, si tuvieran los hechos de la resurrección frente a ellos, ¿no creerían? Jesús dice, "No," porque deben empezar escuchando a Moisés y a los profetas. Comienza por someterse a la Palabra de Dios.

Solo en términos de sumisión a la Palabra *de* Dios los milagros tienen sentido. Sólo entonces podrán ser aceptados e interpretados correctamente. Pero si no escuchan a Moisés y a los profetas, todo lo demás no hará diferencia. ¿Crees que Jesús estaba exagerando o se excedió aquí? ¿Qué sucedió cuando Jesús resucitó de entre los muertos para advertir a la gente que no fuera al infierno? Los judíos pagaron a los soldados para que mintieran al respecto. ¿No es increíble? Jesús sabía exactamente de qué estaba hablando. Los hechos no determinan lo que la gente creerá; su cosmovisión subyacente sí lo hace. Son sus convicciones religiosas originales las que marcan la diferencia.

A medida que desarrolla una cosmovisión cristiana, primero, debe ser consciente de cuáles son sus presuposiciones. Segundo, debe ser gobernado y corregido por la Palabra de Dios y no por las tradiciones humanas. Tercero, debe honrar la autoridad última de Dios: "Sea Dios veraz, pero todo hombre mentiroso". Debe honrar la Palabra de Dios, aun cuando los hechos aparentes estén en contra. Debe reconocer que la palabra de la profecía es más segura incluso que su experiencia ocular. Así de alta es la autoridad de la Palabra de Dios para usted.

LA PALABRA DE DIOS SE APLICA A TODAS LAS ÁREAS DE LA VIDA

Cuarto, debe comprender que en una cosmovisión cristiana, la Palabra de Dios se aplica a todas las áreas de la vida. No puedes tener la idea de que el cristianismo o la Palabra de Dios es para un dominio limitado, una parte de la vida. Es para todo lo que hace, todo lo que piensa, todo lo que dice.

2 Corintios 10:4-5 nos dice cómo vamos a ser defensores efectivos de la fe. "Porque las armas de nuestra milicia no son carnales, sino poderosas en Dios para la destrucción de fortalezas" Pablo dice que no usamos armas físicas; tenemos algo mucho mejor. Puede sentirse tentado a querer usar armas físicas, para hacer entrar en razón a las personas. Pero Pablo dice: "No, las armas de nuestra milicia no son carnales. No son armas físicas. Y por eso, son poderosas delante de Dios para derribar fortalezas". Dice en el versículo 5, "derribando argumentos", eso es lo que en el griego significa, "razonamientos y toda altivez que se levanta contra el conocimiento de Dios". ¿Cómo vamos a derribar cualquier razonamiento, cualquier cosa que se exalte contra el conocimiento de Dios? Él dice: "llevando cautivo todo pensamiento a la obediencia a Cristo".

> *Para desarrollar una cosmovisión cristiana eficaz que pueda refutar a cualquiera, debe aprender a llevar cautivo todo pensamiento a la obediencia de Cristo, todo pensamiento.*

Para desarrollar una cosmovisión cristiana eficaz que pueda refutar a cualquiera, debe aprender a llevar cautivo todo pensamiento a la obediencia de Cristo, todo pensamiento. No solo lo que cree sobre el cielo y el infierno, su pecado y salvación. No solo lo que cree acerca de que Dios es el creador. No solo lo que piense sobre la oración y el evangelismo. Debe llevar cautivo todo pensamiento a la obediencia de Cristo en la escuela, si participa en un deporte o toca un instrumento musical o en su trabajo, en su matrimonio, en la crianza y educación de sus hijos. ¡En Todo!

Debe hacerlo en la cabina de votación al elegir candidatos, sus políticas y cuando se trata de finanzas. Todo lo que piense debe ser gobernado por la Palabra de Dios. Como vimos anteriormente, Proverbios 1:7 dice que "el principio del conocimiento es el temor de Jehová", no el fin del conocimiento, no después de que haya terminado todo su razonamiento, sino al principio. Debe llevar cautivo todo pensamiento a la obediencia de Cristo o será despojado de los tesoros de la sabiduría y el conocimiento. Se va a quedar con una visión del mundo que es indefendible.

Si todo pensamiento ha de ser llevado cautivo a la obediencia de Cristo, entonces la eficacia de su apologética se medirá por su capacidad de ver a Cristo en todo lo que hace y dice. Eso es en lo que debe trabajar, y en los próximos capítulos lo ayudaré a hacerlo explicando qué es la filosofía y qué tipo de filosofías existen para que sepa cómo se ve la oposición y tenga algunas estrategias para lidiar con ella.

GLOSARIO

Apologética: No significa disculparse por ser cristiano. (1) "La aplicación de la Escritura a la incredulidad (incluyendo la incredulidad que permanece en el cristiano). El estudio de cómo dar razón de la esperanza que hay en nosotros a los que preguntan (1 Pedro 3:15)."[27]
Stoicheia: más a menudo traducida como "elementos", la palabra griega se refiere a los componentes básicos o principios fundamentales del aprendizaje. No se refiere a los elementos de la Tabla Periódica. **Epistemología**: Teoría del conocimiento. ¿Cuál es la naturaleza y cuáles son los límites del conocimiento humano? ¿Cómo sabe lo que sabe?
Metafísica: El estudio de la naturaleza de la realidad.

---
[27] Frame, *Apologetics*, 289–290.

¿Qué hay más allá del mundo físico? ¿Cuál es la naturaleza del mundo en que vivimos? ¿De dónde vino? ¿Cuál es su estructura? ¿Qué cosas son reales? ¿Dios existe? ¿El hombre tiene alma? ¿Existe una vida después de la muerte?

PREGUNTAS PARA DISCUSIÓN

1. Nadie tiene una creencia por sí misma, en el vacío. Explique esta afirmación.

2. La defensa de la fe cristiana se llama apologética. ¿Por qué Proverbios 1:7 es un buen punto de partida para hacer esto?

3. ¿Por qué no es posible la neutralidad?

4. Comenzar con las presuposiciones cristianas le permitirá dar sentido a este mundo. Si no hace eso, terminará "despreciando la sabiduría y la instrucción". conversar

5. ¿Qué tiene de malo el "enfoque de la verdad de la encuesta Gallup"?

6. La fe de Abraham no ignoró los hechos. Es la fe la que da al corazón una verdadera comprensión de los hechos. conversar

7. 2 Corintios 10:4–5 nos dice cómo ser defensores efectivos de la fe. Explique.

CAPÍTULO 5

LOS INCRÉDULOS NO SON NEUTRALES Y LOS CRISTIANOS NO DEBEN SERLO

En los capítulos anteriores, hemos considerado la naturaleza de la fe, los hechos y las cosmovisiones. En el último capítulo, nuestro enfoque fue desarrollar una cosmovisión cristiana, conscientemente, bíblicamente, bajo la autoridad suprema de Dios, y aplicarla a cada área de la vida. Ahora hablaremos sobre qué hacer cuando se encuentre con diferentes visiones del mundo de profesores, compañeros de estudios, amigos, familiares, extraños o las personas con las que trabaje que no son creyentes.

Usted tiene una visión del mundo, un conjunto subyacente de presuposiciones sobre la naturaleza de Dios y el hombre, el mundo, del cómo sabemos lo que sabemos, cómo se supone que debemos vivir nuestras vidas, etc., y según esa visión del mundo evalúa todo lo demás.

Pero está entrando en una discusión con alguien que tiene su propia visión del mundo, con sus propios presupuestos subyacentes, su propia forma de evaluar los hechos, sus propias ideas sobre cómo sabe lo que sabe y cómo se supone que debe vivir su vida. En tal conversación, tenemos una cosmovisión en conflicto con otra visión del mundo. Seguramente se le ha ocurrido que si ese es el caso, nadie puede progresar. Es un enfrentamiento. Todo lo que usted lanza, lo reinterpretan de acuerdo con su filosofía y la visión del mundo que asumen. Todo lo que le lanzan a usted, lo reinterpreta de acuerdo con su propia filosofía y visión del mundo subyacente.

Puede sentirse tentado a concluir que no sirve de nada discutir. ¿Cómo diablos podemos llegar al fondo de algo cuando tenemos presuposiciones contradictorias? No es solo que tengamos un banco de información diferente; tenemos una forma diferente de evaluar ese banco de información. Entonces, nunca puede hacer ningún progreso cuando discute.

La tentación cuando surge ese problema (y es una tentación a la que los cristianos han cedido durante cientos de años que al inicio parece plausible) es pensar: "Bueno, entonces, todos tienen que ser neutrales. Dejaré de lado mis presuposiciones y usted dejará de lado sus presuposiciones, y solo miraremos las cosas desde cero, sin prejuicios, sin suposiciones, simplemente seremos neutrales". Antes de hablar sobre cómo llevar un encuentro con el incrédulo, debemos tratar la cuestión de la neutralidad.

Las personas con las que debate le dirán que debe dejar de lado sus suposiciones religiosas. No llega a una clase en la universidad como cristiano. Simplemente llega como un estudiante de mente abierta, dispuesto a aprender. Sus profesores le dirán que no puede apelar a la Biblia porque eso plantea la cuestión de la autoridad religiosa y, además, en esta clase no estamos comprometidos con *ninguna* autoridad religiosa. Dirán que usted está obligado a dejar de lado sus suposiciones, sus compromisos, etc., y abordar las cosas de manera neutral y ver a dónde le llevan los hechos.

Hay dos proposiciones sobre la neutralidad que debe recordar cuando el incrédulo trata de imponer la neutralidad. Aquí están: (1) No son neutrales. (2) Y no debería serlo.

NADIE ES NEUTRAL

Nadie es neutral, ni siquiera la persona que dice serlo. Ese es el primer punto.

Los profesores incrédulos, por ejemplo, son muy capaces de intimidación intelectual. Querrán que dejase a un lado sus armas, su defensa,[28] su filosofía, y luego lo intimidaran con su supuesto conocimiento del campo, utilizando un vocabulario con el que no está familiarizado. Intentarán engañarle, convencerle de que debe seguir la autoridad de los expertos, y ellos son los expertos en ese campo. ¿Quién es usted para venir con algún otro punto de vista?

No son neutrales. El mismo hecho de que un profesor use un libro de texto en lugar de otro le dice que él o ella no es neutral. El hecho de que él o ella considere ciertos aspectos del campo y un cierto rango de evidencia relevante, que analicen algunas opciones y descarten otras opciones, le dice que están siendo guiados por algunos compromisos implícitos. No están siendo tan neutrales como dicen ser.

Imagine cómo sería estudiar las colonias americanas desde un punto de vista totalmente neutral. Queremos saber cómo era en la América colonial. Dado que somos completamente neutrales, no tenemos idea de lo que es im-

---

[28] See Gary DeMar, *Thinking Straight in a Crooked World* (Powder Springs, GA: American Vision, 2001), 1–8.

portante y lo que no es importante, qué causa esto y qué causa aquello. No tenemos noción de responsabilidad. No tenemos evaluación moral. ¿Deberíamos estudiar cómo se usaba la paja para hacer escobas o cuál era el precio de los huevos, o los juegos que jugaban los niños o quizás la influencia de la comida china en las colonias americanas? Podría decir: "Mi clase no cubrió ninguna de esas cosas". ¿Por qué no lo hicieron? Porque alguien, ya sea la persona que escribió el libro de texto o el profesor que estaba dando la clase, decidió que no eran tan importantes como otros temas.

> *Se deben hacer elecciones, y no se pueden hacer elecciones sin algún estándar.*

Se deben hacer elecciones, y no se pueden hacer elecciones sin algún estándar. Cuando aplica este estándar, está indicando que no tiene un enfoque totalmente abierto al tema, está discriminando, está decidiendo que una cosa es buena o mala, más importante o menos importante.

La Biblia nos advierte que los incrédulos no pueden ser neutrales. Tienen una mentalidad diferente a la cristiana. Note lo que Pablo dice en Efesios 4 acerca de la diferencia entre creyentes e incrédulos. No es solo que un grupo de personas se niegue a consumir drogas y participar en actividades sexuales extramatrimoniales. Pablo dice que la diferencia entre creyentes e incrédulos tiene algo que ver con la forma en que piensan y razonan.

Pablo dice: "Esto, pues, digo, y doy testimonio en el Señor, que ya no andéis como andan los gentiles" (Efesios 4:17). ¿Cómo caminaron los gentiles? ¿Cómo viven los incrédulos en el mundo? ¿Cuál es su estilo de vida? Pablo dice que es "en la vanidad de su mente, teniendo el entendimiento entenebrecido, ajenos de la vida de Dios por la ignorancia que en ellos hay, por la dureza de su corazón; los cuales, después que perdieron toda sensibilidad, se entregaron a la lascivia para cometer con avidez toda clase de impureza. Mas vosotros no habéis aprendido así a Cristo," (Efesios 4:17–20).

¿POR CUÁL ESTÁNDAR?

Pablo habla del estilo de vida perverso de los incrédulos, pero ¿dónde comienza? Él acumula las expresiones: "vanidad de su mente, entenebrecido su entendimiento". Pablo insiste repetidamente en el hecho de que no piensan correctamente. No tienen la mente correcta o el proceso mental. Todo se reduce a una pregunta fundamental: ¿Por Cuál Estándar?

> *El incrédulo que profesa ser neutral se está engañando a sí mismo, o está mintiendo abiertamente.*

La Biblia dice que el incrédulo no es neutral. El incrédulo que profesa ser neutral se está engañando a sí mismo, o está mintiendo abiertamente. Es posible que realmente piense que está siendo neutral al evaluar los hechos y usar su capacidad de razonamiento, porque piensa que su filosofía subyacente es lo que todos creen, lo que todos sabemos que es verdad. Le parece que una u otra cosa es expresión de su neutralidad, pero no es neutral. Es una elección específica que hace para ver el mundo de una manera particular basado en un conjunto de principios fundamentales de interpretación.

LOS CRISTIANOS NO DEBEN INTENTAR SER NEUTRALES

Para repetir, nunca olviden que los incrédulos no son neutrales. Es imposible que sean neutrales. No pueden serlo. En segundo lugar, no debe ser neutral. En Juan 17:7, Jesús ora para que seamos santificados en la verdad y luego dice: "Tu palabra es verdad". Debemos ser apartados y consagrados por la Palabra de Dios. No podemos ser neutrales si somos un pueblo santo, un pueblo apartado, un pueblo separado, y lo que nos separa y nos hace diferentes es que seguimos la Palabra de Dios.

No solo no debe ser neutral porque Jesús oró para que sea santificado, sino que también sería inmoral que trate de ser neutral. En Mateo 6:24, Jesús dice: "Ninguno puede servir a dos señores, porque o aborrecerá al uno y amará al otro, o estimará al uno y menos preciará al otro". Aquí la aplicación específica que Jesús tiene en mente es que no podemos servir a Dios y a las riquezas, a Dios y al dinero. Pero el principio básico que establece es que no podemos servir a dos señores. Es imposible ir a un salón de clases y decir: "Voy a honrar al Señor Jesucristo en todo lo que hago, todo lo que pienso y todo lo que digo. Pero también voy a honrar a los maestros de la racionalidad autónoma, o a mi maestro, o a los estándares seculares de este campo de estudio, voy a servirles a ambos por igual". Jesús dice que no puede.

Jesús no tolera ningún tipo de doble ánimo. Él no dice: "Puedes ser un poco leal a esas otras cosas, pero principalmente sé leal a Mí". Él dice: "Debes ser exclusivamente leal a Mí". Debe ser exclusivamente leal a Jesús, entregado a Él en todo lo que hace y dice, e incluso en su forma de razonar.

Si deben ser santificados por la palabra de verdad para que no caminen en las tinieblas de la ignorancia de la mente gentil, entonces no pueden ser neutrales. No se puede servir a dos señores. Como vimos en el capítulo anterior, si tratamos de ser neutrales, si no seguimos una filosofía que depende de Cristo, el resultado será, el robo de todos los tesoros de sabiduría y conocimiento que están en Jesucristo.

En la perspectiva bíblica, sin importar lo que diga su maestro, sin importar lo que diga su compañero de habitación, sin importar lo que diga su amigo incrédulo, hay dos puntos de vista enfrentados y no hay compromiso ni paz entre ellos.

Vemos esto en 1 Corintios 1. Cuando Pablo escribió esa carta a los cristianos de Corinto, acababa de dejar el centro de la filosofía griega, Atenas, Grecia (Hechos 17:16–34). Allí tuvo un encuentro con los filósofos, los **estoicos** y los **epicúreos**. Este tipo de asuntos estaban en su mente, y así es como Pablo respondió a su experiencia en Atenas cuando le escribió a la iglesia en Corinto. "Porque la palabra de la cruz es locura a los que se pierden; más para nosotros los que somos salvos, es poder de Dios" (1 Cor. 1:18).

Pablo dijo lo siguiente a quienes escucharon su mensaje en Atenas: "Usted tiene la palabra de la cruz, tiene el evangelio. Y va a obtener dos respuestas. Algunas personas lo ven como una tontería; algunas personas lo ven como el poder de Dios mismo" (Hechos 17:32–34).

Porque está escrito: "Destruiré la sabiduría de los sabios, y desecharé el entendimiento de los entendidos." (Isa. 29:14). ¿Dónde está el sabio? ¿Dónde está el escriba?

¿Dónde está el disputador (orador) de este siglo? ¿No ha enloquecido Dios la sabiduría del mundo? Pues ya que, en la sabiduría de Dios, el mundo no conoció a Dios mediante la sabiduría, agradó a Dios salvar a los creyentes por la locura de la predicación." (1 Cor. 1:19–21).

Pablo habla aquí con un poco de ironía. Lo dice así: "El mundo llama locura a nuestra predicación. Bien, Pero luego, en la sabiduría de Dios, Él toma la locura de la predicación y hace que destruya la sabiduría de este mundo".

Porque los judíos piden señales, y los griegos buscan sabiduría; pero nosotros predicamos a Cristo crucificado, para los judíos ciertamente tropezadero, y para los gentiles locura; más para los llamados, así judíos como griegos, Cristo poder de Dios, y sabiduría de Dios. Porque lo insensato de Dios es más sabio que los hombres, y lo débil de Dios es más fuerte que los hombres. (1 Corintios 1:22-25).

No va a haber ninguna neutralidad, independientemente de lo que la gente se autoengañe pensando, creyendo, incluso si lo dicen abiertamente.

> *No va a haber ninguna neutralidad, independientemente de que la gente se autoengañe pensando, creyendo, incluso si lo dicen abiertamente.*

El evangelio va a ser locura o sabiduría para ellos. No puede dejar de lado estas cosas y decir: "No tengamos ninguna visión de la existencia de Dios, su revelación, nuestra relación con Él o el lugar de Jesucristo. Dejemos todo eso a un lado y miremos el tema a la luz de la neutralidad".

LOS CONTRABANDISTAS DE LA NEUTRALIDAD

Nadie será neutral, y aquellos que fingen ser neutrales en realidad están contrabandeando algunas filosofías subyacentes de las que no son conscientes. Eso, por supuesto, es lo más peligroso que se puede hacer, no ser consciente de cuáles son realmente tus presuposiciones. Todos darán las cosas por sentadas. Todos dicen que sus estándares para el descubrimiento, su visión de los límites de la realidad, son comunes a todos los pensadores y, por lo tanto, son neutrales, pero veremos que no es así.

Lo que sea que una persona diga sobre cómo sabe lo que sabe (epistemología) y lo que piensa sobre la naturaleza de la realidad (metafísica) es un reflejo de un compromiso filosófico subyacente, y no se deshace de él cuando discute contigo puede deshacerse de la respiración mientras habla de la respiración. Si se discute cualquier tema, habrá ciertas suposiciones sobre la naturaleza de la realidad, sobre cómo sabemos lo que sabemos y sobre cómo debemos vivir nuestras vidas.

Tal vez pueda aclararlo con esta ilustración. Va a la oficina de su profesor después de clase. Digamos que él ha estado enseñando antropología cultural y agrega algunas referencias explícitas sobre lo que afirma es nuestro pasado evolutivo. Quiere hablar de esto con él, por lo que se reúne con él en privado y saca a relucir el asunto.

El profesor dice: "Realmente no estoy seguro de que ustedes, los cristianos, sean lo suficientemente inteligentes como para discutir este tema. Creo que realmente están siguiendo el tipo de fe de una escuela dominical. Está siendo muy infantil. No está siendo lo suficientemente intelectual y racional. Tiene que seguir mi autoridad. Ahora, podría debatir con ella sobre la naturaleza de la fe, la autoridad y la filosofía. O podría olvidarse de todo eso y sacar un arma y decir: "Escuche, cambia de opinión o muere". Por supuesto, no lo haría de esa manera. Pero ¿y si lo hiciera? ¿Qué pasaría si dijera: "Estamos dejando de lado todos los compromisos filosóficos"? No tenemos valores cuando entramos en esta discusión, por lo que, comenzando desde cero, he decidido que la fuerza es mejor y voy a obligarlos a estar de acuerdo conmigo". ¿Cree que su profesor diría: "Bueno, sí, esa es una opción. Necesitamos considerar eso. Todos tenemos que ser neutrales?". No. Él espera que usted entre en su oficina y sea un caballero o una dama, que le respete hasta cierto punto, que presente consideraciones racionales y pruebas que estén abiertas al examen público. Hay un protocolo esperado. Hay ciertas expectativas sobre la forma en que argumentamos, pero esa misma expectativa es un compromiso con un tipo de estilo de vida. Es el rechazo al estilo de vida de la violencia como forma de dirimir los conflictos. Cuando el profesor le dice que no puede usar la violencia para probar su punto, ha demostrado que está comprometido con cierto tipo de ética. Curiosamente, también estamos comprometidos con esa ética. Como cristianos, no pensamos en arreglar las cosas violentamente. No creemos en convertir a la gente con la espada, que es una técnica musulmana. No creemos que debamos usar la violencia para intentar que la gente cambie de opinión.

Pero tenemos una razón para decir eso y su profesor no la tiene (aunque afirmará que la tiene), y ese será el corazón de su apologética. Quiere mostrar que su profesor tiene una visión del mundo subyacente y que, de acuerdo con su visión del mundo, no puede entender las cosas que da por sentadas, pero usted sí.

CAPÍTULO 5 | 123

Todo el mundo da ciertas cosas por sentado. Podría pensar que quiere discutir con su profesor sobre, digamos, los hechos de creación versus la evolución o la evidencia histórica de la resurrección de Jesús, y de vez en cuando, habrá un lugar para eso. Pero la manera más fácil de llegar al fondo de la disputa entre usted y un profesor, compañero de cuarto, socio de la oficina o amigo incrédulo es hablar sobre lo que ambos dan por sentado. Ni siquiera necesita ingresar al área en disputa; puede hablar sobre lo que sabe que es cierto, por ejemplo, que debemos tratar de resolver nuestra disputa de forma no violenta. ¿Por qué no? Supongamos que es mi amigo incrédulo. usted y yo tenemos un desacuerdo y usted dice: "Mira, tenemos que resolver este desacuerdo. Cada uno conseguirá un arma. Bajaremos quince escalones, daremos la vuelta y dispararemos, y el que esté de pie será el ganador. Debo ser honesto con usted. Voy a hacer que se baje de los quince escalones y le dispararé por la espalda mientras camina.

Diría: "¡Eso es injusto! ¡Está rompiendo las reglas! ¡No me haga eso!" ¿Pero por qué no? Dada su visión del mundo, ¿por qué no? El incrédulo diría: "No creo que haya un Dios, así que no puedo decir que Dios nos diga que no solucionemos nuestras disputas de esa manera y que no rompamos nuestras promesas y violemos las reglas, y así sucesivamente". Esa no es una opción para él, por lo que se le ocurrirá algo así como al estándar ético **utilitarista:** si queremos maximizar la felicidad en este mundo, la gente no debería romper las reglas.

Por cierto, eso es cierto. Cuando las personas rompen las reglas y la interacción social es impredecible, eso crea caos social e infelicidad. El incrédulo tiene razón en eso. Pero el incrédulo tiene un problema real, porque cuando argumenta de esa manera, su próxima pregunta será "¿Por qué debería preocuparme por la felicidad de los demás?" Él estaba dando eso por sentado. Pero ¿Por cuál estándar?

TOMANDO PRESTADO EL CAPITAL MORAL DE LA COSMOVISIÓN CRISTIANA

Como cristianos, estamos acostumbrados a pensar de manera ética hacia los demás. Debemos seguir la **regla de oro**. Debemos ser amorosos. Debemos mantener las reglas. No debemos ser injustos. No estamos para abusar de la gente. No debemos imponernos a la gente. Damos todo eso por sentado. No debe permitir que el incrédulo dé por sentadas ciertas cosas. No debe permitir que el incrédulo robe de su filosofía, es decir, tome prestado capital moral de su cosmovisión y luego finja que no lo ha hecho.

> *No debe permitir que el incrédulo dé por sentadas ciertas cosas. No debe permitir que el incrédulo robe de su filosofía, es decir, tome prestado capital moral de su cosmovisión y luego finja que no lo ha hecho.*

No debe permitir que el incrédulo diga: "Todos sabemos que se supone que debemos jugar limpio". Lo que usted quiere decir es: "Bueno, sé que se supone que debemos jugar limpio, pero no sé por *qué* dice eso. No sé qué podría decir para convencerme de que no debería haber resuelto esta disputa con un arma dada su visión naturalista del mundo.

El utilitarismo asume que estoy obligado a buscar la felicidad de los demás. ¿Qué tal esto? El incrédulo dice: "No debería ser injusto conmigo y no debería decir mentiras porque eso realmente socavaría su propia autoestima. su propia integridad se perderá".

De nuevo, pensando como cristiano, usted dice: "Así es. Si trato de convencer a alguien basado en amenazas, realmente soy una escoria de persona". Pero está pensando como cristiano. Su réplica será algo así: "Recuerde, profesor, usted fue quien nos enseñó que el consenso científico es que somos animales". Ahora su propia filosofía está retornando en su contra. Acaba de llevar las implicaciones de esta visión del mundo a Boston.

Si su profesor o amigo incrédulo no puede convencerlo basándose en la integridad personal o la utilidad social, ¿a qué puede apelar? El hecho es que sea lo que sea a lo que él apele, tiene una pregunta más esperando: ¿Por qué estoy obligado a seguir ese estándar? Verá, dada su visión del mundo, no tiene autoridad para hacer juicios morales absolutos.

Los incrédulos tienen una filosofía subyacente que están aplicando en la discusión con usted. Y usted, en ese momento, va a empezar a replicar con su apologética. Comenzará a usar el contrainterrogatorio para mostrarle al incrédulo que ha hecho un compromiso que lo lleva a un destino, cuando él cree que se bajara en otro. Muéstrele dónde culmina esa visión del mundo. Muéstrele que si quiere mantener los estándares de racionalidad o ciencia o moralidad que damos por sentado, tendrá que afirmar la cosmovisión cristiana.

CAMBIO DE CULPA MORAL

Es importante entender, en este punto, por qué los incrédulos insisten en que son neutrales aunque no lo sean. El incrédulo, según la Biblia, es culpable ante Dios. Ser culpable ante Dios va a tener graves consecuencias por toda la eternidad. Dios odia el pecado, y aquellos que son culpables delante de él sentirán Su ira. Este no se trata de un desacuerdo sobre el precio de un Whopper en Burger King. Este es un asunto con consecuencias eternas. El incrédulo debe tomar en serio sus elecciones de cosmovisión.

Ahora el incrédulo dirá: "Todos podemos ser neutrales. Es posible que dejemos de lado todas las concepciones religiosas, todas las suposiciones sobre la naturaleza de Dios, el mundo y el hombre". Si el incrédulo pudiera hacer eso, entonces podría acusar a Dios por no dar suficiente evidencia para convencerlo de Su existencia. El incrédulo dice: "Simplemente no me he convencido de que haya un Dios. Eso es realmente culpa de Dios. Si Dios me lo hubiera aclarado, no sería neutral, pero la existencia de Dios no es obvia. Mucha gente no cree en Dios, el Dios cristiano. Mucha gente no sigue la Biblia. Dios no lo ha dejado claro, y eso es realmente culpa de Dios". ¿No sería una gran excusa?

Los niños utilizan este tipo de técnica. "No entendí que eso es lo que querías, papá". Entonces, ¿de quién es la culpa de que no se hiciera la cama o no se cortara el césped? El papá quiere que sus hijos entren a la medianoche, pero aparecen a las 12:30 de la mañana siguiente. -"Creí que habías dicho a las 12:30, papá". - "No, dije a medianoche". "Pero papá, en verdad dijiste a las 12:30…".

¿Cuál es el punto de ese intercambio? Es decir, "Papá, tú eres el que cometió el error, no yo. Soy muy obediente. Si no obtuviste lo que querías, tiene que ser tu culpa". Los incrédulos juegan ese juego infantil con Dios su Padre celestial. "No entendíamos. Ni siquiera estábamos seguros de que estuvieras allí. La evidencia no era clara. ¿Cómo esperas que vivamos a la altura de lo que quieres cuando no nos lo dices?". El incrédulo quiere insistir en la neutralidad porque entonces recae sobre Dios la responsabilidad por su incredulidad, su miserable estilo de vida y pecado. Pablo dice en Romanos 1:18–22:

Porque la ira de Dios se revela desde el cielo contra toda impiedad e injusticia de los hombres que detienen con injusticia la verdad; porque lo que de Dios se conoce les es manifiesto, pues Dios se lo manifestó.

El Apóstol Pablo dice que los incrédulos conocen a Dios porque Dios se dio a conocer. Por eso se revela la ira de Dios contra ellos. Es porque están "suprimiendo la verdad con injusticia".

¿Cómo puedes estar seguro de eso?

Porque Dios se lo manifestó. Porque las cosas invisibles de Él se hacen claramente visibles desde la creación del mundo, siendo percibidas a través de las cosas que son hechas, aún Su eterno poder y divinidad; para que no tengan excusa: porque conociendo a Dios, no le glorificaron como a Dios, ni dieron gracias; pero se envanecieron en sus razonamientos, y su insensato corazón fue entenebrecido. Profesando ser sabios, se hicieron necios.

Pablo dice que Dios se ha manifestado desde el cielo de una manera tan clara, indiscutible e ineludible que todos los hombres lo conocen. No solo lo conocen a Él de una manera etérea difusa. No es como si Dios se hubiera revelado a sí mismo pero no pudiera hablar claramente. No es "¿Qué Dios eres Tú y qué quieres de nosotros?" Pablo dice que conocen claramente a Dios porque Dios es el que se ha dado a conocer. Por eso la ira de Dios se revela contra los hombres. Es porque están "suprimiendo la verdad con injusticia".

Nunca progresará en el trato con los incrédulos si olvida que los incrédulos están suprimiendo la verdad. Ellos conocen a Dios. No pueden evitar conocer a Dios porque su propia existencia y capacidad para pensar y procesar información dependen de Él (Hechos 17:24-28). No es porque usted tenga buenos argumentos. No los necesita. Dios se ha dado a conocer. Todos deben mirar al mundo creado y alabar a Dios.

Tampoco saben simplemente que hay *un* dios; es el Dios vivo y verdadero que Pablo nos dice que conocen. De hecho, en griego Pablo usa el artículo definido: "**el** Dios". No dice que saben que hay *un* dios, que tienen algún sentido de la divinidad, alguna noción general de lo sobrenatural. Conocen a Dios personalmente, tanto que Dios está enojado con ellos. Su ira se revela día tras día desde el cielo contra ellos.

La ira de Dios se ve de diferentes maneras a medida que las personas se rebelan contra Él y se expresan todas las implicaciones de su cosmovisión. Se ve en disturbios. Se ve en apuros económicos. Se ve en la depresión psicológica. Se ve en confusión. Se ve en los que se suicidan. Se ve en las guerras. Se ve en las revoluciones. Se ve de muchas maneras.

Incluso el individuo más tranquilo que no parece tener ningún problema en su vida conoce la ira de Dios porque cada individuo, de una forma u otra, va a responder ante Dios en el momento de la muerte, y cada individuo es consciente de la muerte. La ira de Dios se revela desde el cielo muy claramente porque se le conoce y los que le conocen ocultan la verdad.

RACIONALIZAR LO QUE SE SABE QUE ES VERDAD

Pero cuando suprime la verdad, ¿significa eso que siempre es consciente de suprimirla? Cuando habla con su profesor incrédulo, ¿está él o ella sentado allí diciendo: "Sé que hay un Dios y estoy tratando de escapar de eso, pero le voy a mentir a esta persona"? Si usted hubiera roto uno de los jarrones caros de su madre y ella llegara a casa y dijera: "¿Qué pasó?", Podría responder: "¡Soy bestia! Debe haber sido el gato". Eso sería una mentira descarada. Sabe que es culpable y está pensando en su culpabilidad mientras se inventa esa historia para que su mamá piense que no tiene la culpa. Pero no digo que eso sea lo que hacen los incrédulos. Pablo dice que "suprimen la verdad con injusticia", la empujan hacia abajo, la distorsionan, no quieren mirarla, la racionalizan e intentan escapar de ella.

No pueden hacerlo. Nunca pueden alejarse de conocer al Dios verdadero, y por eso son culpables ante Él. Es como el juego en la piscina donde se lanza una pelota de voleibol. "¿Quién tiene la pelota?", usted pregunta, y todos levantan las manos. ¿Dónde está la pelota? Alguien está sentado sobre la pelota de voleibol, suprimiéndola bajo el agua. Pero en el acto de suprimir voleibol, esa persona está en contacto con la pelota de voleibol. Y ese es mi punto: en el acto de suprimir la verdad, el incrédulo está en contacto con la verdad.

El incrédulo conoce a Dios, dice Pablo. Conoce al vivo y verdadero, uno y único Dios. Pero el incrédulo no puede pensar, día tras día, "Soy culpable, soy culpable, soy culpable de mentir y pretender que no hay Dios y no responder ante Él". ¿Qué hace cuando no puede enfrentar su culpa? ¿Qué hace cuando no quiere pensar que está haciendo algo vergonzoso? Lo esconde. A veces trata de ocultarlo a usted mismo, y nos ocultamos las cosas a nosotros mismos racionalizando, diciendo: "Tenía una buena razón para ello. Para otras personas, eso sería malo, pero tenía una buena razón para ello". Algunas veces hacemos nuestra maldad tan habitualmente que dejamos de pensar tímidamente en ello. Nos podemos engañar a nosotros mismos.

> *En el acto de suprimir la verdad, el incrédulo está en contacto con la verdad.*

Los incrédulos que no quieren enfrentarse a Dios, que no quieren ser responsables ante Dios, pueden racionalizar y habitualmente sacar a Dios de su mente. Por supuesto, todavía están sentados en la pelota de voleibol. Todavía están en contacto con la verdad. Pero deben desarrollar estos juegos mentales y estrategias personales para no tener que responder ante Dios. Eso es lo que dice Pablo: Ellos conocen la verdad y la reprimen con injusticia—¿y cuál es el resultado? Pablo dice: "Profesando ser sabios, se hicieron necios".

Nuestros colegios y universidades están llenos de personas que tienen un doctorado, pero son insensatos a los ojos de Dios. Han leído mucho, tienen habilidades; pero son tontos. Si suprime la verdad con injusticia, dice la Biblia, que se vuelve necio en su modo de pensar, su corazón insensato se oscurecerá.

Cuando defendemos la fe cristiana contra otras cosmovisiones, debemos tener en cuenta estas cosas. Cuando sienta la tentación de pensar: "Tenemos que renunciar a nuestros distintivos bíblicos para que todos tengan que ser *neutrales*", tenga en cuenta que no son neutrales y usted no debería serlo.

La razón por la que les gustaría pensar que son neutrales es que es una de las formas en que suprimen la verdad en injusticia. Conocen a Dios, pero esta es una de las formas en que no tienen que enfrentarse a Dios. "Nosotros no pensamos en religión en la clase de biología. No traemos el cristianismo cuando hablamos de literatura o filosofía o lo que sea. Vamos a ser neutrales."

Aunque conocen a Dios, fingirán que no lo conocen. Y el resultado de eso es que se volverán necios en su modo de pensar. En los capítulos que siguen, le enseñaré a explotar esa tontería para que vean las implicaciones de sus puntos de vista. Conocen al mismo Dios que usted adora. Creen en la racionalidad. Ellos creen en la ciencia. Creen en la uniformidad de la naturaleza. Creen en los absolutos morales. Creen en la dignidad del hombre. Saben estas cosas, pero no tienen derecho a apelar a ello, por lo que usted les quitará esas cosas y les dirá: "La única forma en que pueden pensar de esta manera, la única forma en que pueden justificar creer en esas cosas es admitir la verdad sobre el Dios que adoro como cristiano".

GLOSARIO

Capital prestado: "La verdad conocida y reconocida por el incrédulo. No tiene derecho a creer o afirmar la verdad basándose en sus propias presuposiciones, sino solo en las cristianas, por lo que sus afirmaciones de la verdad se basan en capital prestado".[29]

Epicureismo: Argumenta que el placer es el principal bien de la vida. Por lo tanto, Epicuro abogó por vivir de tal manera que se obtenga la mayor cantidad de placer posible durante la vida de cada uno, pero hacerlo con moderación para evitar el sufrimiento incurrido por la indulgencia excesiva en tal placer.

Regla de oro: El principio de tratar a los demás como quieres que te traten a ti. Jesús dijo: "En todo, pues, tratad a los demás como queréis que os traten a vosotros, porque esta es la Ley y los Profetas" (Mat. 7:12).

Estoicismo: "La virtud es el único objetivo que vale la pena y un hombre virtuoso, mediante el uso de la razón correcta, puede descubrir su lugar adecuado en el universo y alcanzar la felicidad en cualquier circunstancia".[30]

Utilitarismo: maximizar la felicidad en este mundo para el mayor número de personas sin tener en cuenta los mandatos morales o un estándar fijo para determinar qué es bueno o malo en última instancia. El utilitarista dice que debe hacer lo que sea mejor para la mayoría de las personas. La mayor felicidad para el mayor número es lo que debe regir el libre albedrío. Debe hacer todo lo que sea

---

[29] Frame, *Apologetics*, 290.
[30] Cairns, *Dictionary of Theological Terms*, 436.

que conduzca al bien de todos, tanto como pueda.

PREGUNTAS PARA DISCUSIÓN

1. Cuando un incrédulo le suplica que "sea neutral y deje de lado sus presuposiciones religiosas, deje que los hechos le lleven a las conclusiones correctas", debe rechazar esa idea. ¿Por qué?

2. ¿Qué enseña la Biblia acerca de la razón por la cual los incrédulos viven como lo hacen?

3. ¿Cómo aclara Jesús en Juan 17 y Mateo 6 que es imposible que el creyente sea neutral?

4. Leemos en Hechos 17 acerca del encuentro de Pablo con filósofos estoicos y epicúreos cuando estaba en Atenas. ¿Cómo influyó esta confrontación con ellos en lo que escribió poco después a la iglesia de Corinto en 1 Corintios 1?

5. ¿Cuál sería una buena respuesta para un incrédulo que insiste en que todos saben que se supone que debemos jugar limpio?

6. ¿Qué quiere decir la Biblia cuando declara que los incrédulos "detienen con injusticia la verdad"?

CAPÍTULO 6

¿QUÉ ES LA FILOSOFÍA?

Este puede ser el capítulo más duro de *Contra toda oposición*, el que le puede hacer perder. Se lo advierto con anticipación y le pido que se quede conmigo hasta que aprendamos estos conceptos básicos. Voy a mostrarle cómo empezar a desmantelar la visión del mundo del incrédulo, pero para hacerlo bien tiene que saber lo que está haciendo y con lo que está lidiando.

Le he dicho que todo el mundo tiene una visión del mundo. Usted tiene una, y el incrédulo tiene una. Cuando el incrédulo quiere que sea neutral, está tratando de neutralizarle, quitarle su visión del mundo y luego seguir usando la suya, lo que equivale a ganar el debate por defecto. "Cara, yo gano, cruz, usted pierde".

No renunciará a sus presuposiciones, es imposible hacerlo. No debe renunciar a sus presuposiciones, Consciente de usted mismo, sabe de dónde viene. Sabe por qué cree lo que hace, sabe cómo se supone que debe vivir su vida en términos de eso. Y ahora lo que va a hacer (usaré la ilustración con la que comenzamos el libro) le va a mostrar que el avión realmente se dirige a Boston y que no puede desembarcar en Chicago como él espera.

Todo el mundo tiene una filosofía que asume. Pienso en un individuo que conozco que cree que no podemos responsabilizar a los homosexuales por lo que consideramos su perversión porque fueron creados de esa manera. Cuando una persona dice "hecho de esa manera", en realidad no tiene en mente a un Dios personal que lo convierte en homosexual, simplemente piensa que algunas personas vienen al mundo con esa disposición, como si estuvieran programados para tener un deseo sexual por miembros del mismo sexo. Por otro lado, usa un lenguaje fuerte y dice que debemos perseguir a los dictadores y detenerlos. ¿Por qué los dictadores no están hechos para ser dictadores?

Ahora bien, ¿esta persona tiene una filosofía? No suena como un filósofo sofisticado cuando habla de esa manera. ¿Pero tiene una filosofía? - Tiene una filosofía muy profunda.

"FUI HECHO DE ESTA MANERA"

Primero, él cree que las personas no son responsables de lo que hacen porque están programadas de esa manera. Son como ratas en un experimento psicológico. Han sido condicionados, y sus respuestas están de acuerdo con su condicionamiento. Los homosexuales, dice, no están simplemente condicionados; vienen al mundo biológicamente preestablecidos para tener deseos sexuales de cierto tipo. Esa es una visión profunda de la naturaleza humana.

También tiene otra cosmovisión, una visión de la sociedad humana y de cómo está organizada. Piensa que de alguna manera nuestros líderes políticos son los ungidos, que Estados Unidos tiene derecho a dar la vuelta al mundo y volarle los sesos a cualquier dictador que no nos guste o que podría interponerse en el camino de los deseos políticos y económicos de nuestra nación. Hay personas que pueden darle un resumen más sofisticado de esa filosofía mejor que este individuo, pero es una filosofía y se ha seguido.

Pero también quiero señalar una cosa más sobre esta persona que dice que los homosexuales no pueden evitarlo y que deberíamos promulgar un cambio de régimen en países que no son como el nuestro. Su filosofía política y su filosofía de la humanidad están en conflicto, y él ni siquiera lo sabe porque no se ha molestado en hacer filosofía conscientemente. Acaba de vagar por aquí y pensar en este tema y luego vagó por allá y pensó eso sobre ese tema. No ha tratado de fundamentar su pensamiento para hacerlo consistente.

¿Ve dónde está el conflicto? Dice que los homosexuales no pueden evitar lo que hacen. Pero según esa visión de la naturaleza humana, los dictadores tampoco pueden evitar lo que hacen. Si ese es el caso, y no va a oponerse a la homosexualidad porque fueron hechos de esa manera, entonces ¿qué le da derecho a oponerse a los dictadores que también fueron hechos de esa manera? Tiene una filosofía profunda, pero no es una filosofía que esté de acuerdo consigo misma.

NO TODA FILOSOFÍA ES BUENA FILOSOFÍA

La cuestión no es si usted hace filosofía, sino qué tan bien la hace. La gente no decide hacer filosofía o no hacer filosofía, porque hacer filosofía es inevitable. La única pregunta es si haremos nuestro pensamiento filosófico reflexivamente, consistentemente y bien.

El hombre ordinario de la calle se distingue del filósofo académico por su falta de resolución para responder a las cuestiones fundamentales de la vida de una manera coherente, consciente y reflexiva. La diferencia entre él y el profesor de filosofía es sólo de grado. Todos son filósofos, pero no todos pretenden ser buenos.

> *Todo el mundo hace filosofía. La cuestión no es si haces filosofía, sino qué tan bien la haces. La gente no decide hacer filosofía o no hacer filosofía, porque hacer filosofía es inevitable.*

Si va a ir a la universidad y elige una especialización en filosofía, le estoy diciendo algo que puede sorprenderle: todo el mundo está haciendo filosofía, sea su especialidad o no. Cuando elegí obtener un Ph.D. en filosofía, se me hizo más fácil que a otras personas porque lo que decidí estudiar es lo que todos piensan todo el tiempo de todos modos. No tenía que elegir ser médico y estudiar anatomía humana o ser historiador y averiguar cosas sobre la Guerra de 1812. Solo tenía que seguir pensando en lo que siempre estaba pensando.

No puedo vivir en la cabeza de otras personas, así que no puedo estar seguro de esto, pero no creo que fuera terriblemente diferente de los niños con los que fui a la escuela secundaria. Jugué al tenis y al baloncesto. Yo era presidente del cuerpo estudiantil. Fui a la universidad, tenía novia. La vida para mí era como la de todos los demás. No es como si me sentara a ser más reflexivo que otras personas. No es que haya empezado a tener pensamientos sobre **Platón** y **Aristóteles** en séptimo grado y finalmente fui a la universidad y me puse a pensar en ello. Eso no es lo que estoy diciendo.

Lo que estoy diciendo es que todo ser humano piensa en estas preguntas, pero no todo ser humano decide apegarse a ellas. Puede tomar a la persona más inculta que conoce, y en algún momento de su vida se ha preguntado, "¿Qué es real y qué no es real?" Todos los que deciden que Santa Claus no es real han practicado algún grado de filosofía.

Todos hacen filosofía, pero no todos se apegan a ella. De hecho, muchas personas no entienden la naturaleza de la filosofía y, una vez que ven lo que es hacer bien la filosofía, se disgustan o se aburren o dicen: "¿Quién quiere hacer eso?"

Le concedo esto: si se lanza a una discusión entre filósofos en la mitad de la discusión y no entiende de dónde vienen los argumentos, creo que la filosofía parecerá una tontería. Por eso se cuentan chistes sobre los filósofos, como los intelectuales de sillón que se sientan y dicen: "¿Por qué hay aire?". La gente se burla de ellos, pero la razón por la que pueden burlarse de los filósofos es que no saben de dónde viene un problema filosófico.

Pero todo el mundo es curioso por naturaleza. Si un bebé se acostara en su cuna y no alcanzara el móvil o reconociera la cara de mamá, sabríamos que algo anda muy mal con el bebé. Dios hizo a los seres humanos curiosos. Creo que la curiosidad es parte de la imagen de Dios en el sentido de que Él nos hizo para tener dominio sobre este mundo, para aprender sobre este mundo, para controlar este mundo de manera ética y hacer frente a este mundo de una manera que dé gloria a Él y le obedece.

Eso comienza muy temprano con la curiosidad. Los bebés intentan controlar su entorno, al igual que nosotros tratamos de controlar nuestro entorno como adultos, ellos quieren saber qué hacen los juguetes. Quieren tener los juguetes allí cuando los quieren. Quieren que el mundo sea un lugar eficiente en el que puedan vivir a su nivel infantil.

Todos somos curiosos. Alabado sea Dios, no nos quedemos infantes en nuestra mentalidad, porque la curiosidad de un niño no es sistemática. Un niño estará interesado en golpear las ollas y sartenes por un tiempo y luego, sin que usted vea ningún proceso de razonamiento o toma de decisiones, simplemente dejará las ollas y sartenes y se irá a otra cosa. Hacen un poco de esto, un poco de aquello. Pero eventualmente, crecemos y vamos a la escuela y aprendemos a quedarnos quietos durante 45 minutos y tenemos una lección de gramática o matemáticas o lo que sea. El proceso de educación sistematiza nuestra curiosidad y nos enseña a reducir nuestra experiencia del mundo a generalizaciones. De esto se trata el proceso de crecimiento intelectual y de lo que trata de desarrollar el proceso educativo: tu capacidad de reducir la diversidad de tu experiencia a ciertas leyes como generalizaciones.

> *El proceso de educación sistematiza nuestra curiosidad y nos enseña a reducir nuestra experiencia del mundo a generalizaciones. De esto se trata el proceso de crecimiento intelectual y de lo que trata de desarrollar el proceso educativo: su capacidad para reducir la diversidad de su experiencia a ciertas generalizaciones similares a leyes.*

Aprendemos sobre lo que sucede cuando juntas azul y

amarillo -se hace verde-. Aprendí eso en el jardín de infantes. Abandonado a mí mismo, dudo que alguna vez me hubiera detenido a sistematizar eso. Pero aprendemos cómo los colores se mezclan o cómo los números van juntos o cómo construir puentes o cómo jugar un juego y mostrar deportividad y así sucesivamente. Todo el proceso educativo es una cuestión de niveles cada vez más altos de generalización, reduciendo la diversidad del mundo a principios y generalizaciones similares a leyes. Pasamos de la curiosidad infantil a ser más disciplinados en nuestro pensamiento.

LA FILOSOFÍA ES DE DIFERENCIAS Y CONFLICTOS

Ahora bien, lo que ocurre cuando empieza a generalizar sobre su experiencia en el mundo es que descubre que le vienen a la mente ciertos conflictos.

Empieza a generalizar sobre la naturaleza humana. No lo llama "naturaleza humana", pero se da cuenta de que si alguien intenta ponerse en la fila antes que otra persona, habrá una reacción negativa. Esa es una comprensión de bajo nivel, darse cuenta de que hay algunas personas en este mundo que son acosadores y hay otras personas a las que puedes acosar sin que hagan nada al respecto.

Aprende que es agradable estar cerca de algunas personas, pero no de otras, aprende que a algunas personas les gustan las matemáticas y a otras no. Empieza a darse cuenta de que hay diferencias entre los seres humanos.

Ahora, ¿qué pasaría si tuviera que generalizar a partir de eso? Podría concluir que lo que hace feliz a la gente es relativo. Algunas personas son así. Algunas personas son así; por lo tanto, todo es relativo.

La mayoría de las personas son relativistas y viven cómodamente con su relativismo, Tristemente, en nuestra cultura, creen que porque la gente tiene diferentes gustos, entonces nuestros valores están en juego, sólo una cuestión de lo que le plazca.

Pero también aprendemos física, química y otras ciencias difíciles, cosas que funcionan juntas en una relación causal. Si está jugando al billar y golpea la bola blanca sobre la mesa y golpea la bola 10 en un cierto ángulo y cierta velocidad, rebotará en el costado de la mesa de billar e irá al ventanuco. Ninguno de nosotros duda de que si la bola 10 está exactamente en esa posición mañana, puede usar la misma técnica y obtener el mismo efecto. Creemos que la bola blanca y la bola 10 tienen una relación que no es "diferentes golpes para diferentes personas", como si su relación fuera a ser diferente el martes, miércoles o jueves. Hemos aprendido que tienen una relación causal. De hecho, antes de ir a la escuela y sistematizar, también aprendimos sobre las relaciones causales en casa. Cuando puso la mano en la estufa caliente de su mamá, dijo: "¡Ay!" Al día siguiente, no dijo: "El mundo es un lugar aleatorio y tal vez hoy no duela". No, dijo: "Vivo en un universo causal, y dado el nexo de estas relaciones, sé que me va a quemar la carne y eso no me hará sentir bien".

Crecemos y aprendemos ciertas generalizaciones sobre el mundo. Hemos hablado de dos de ellas. Una es que el mundo opera en una forma de causa y efecto, similar a una ley. La otra es que todo el mundo es diferente de alguna manera. Cuando pregunta, "¿Cómo puedo juntar estos dos principios?", ha comenzado a hacer filosofía.

Puede detenerse y pensar: "¿Por qué debería importarme cuál es la respuesta a esa pregunta?" Aquí hay una razón para preocuparse. Digamos que alguien ha asesinado a su madre. No importa quién sea o cuál sea su tipo de personalidad, querrá justicia.

Si piensa en el mundo como un lugar donde las relaciones causales gobiernan supremamente, entonces podría concluir que no tiene sentido que quiera ver ejecutar a este asesino. ¿Por qué? Porque, así como las cosas caen por el espacio por la ley de la gravedad, y dadas las leyes de la naturaleza humana, esta persona no pudo evitar lo que hizo cuando mató a tu madre. Por otro lado, si adopta el enfoque de que se trata de "diferentes opiniones para cada persona", podría decir: "Ni siquiera tengo que esperar a que el Estado condene a este tipo. Voy a matarlo." Ninguna respuesta sería correcta. Pero las decisiones importantes se toman en base a sus generalizaciones sobre la naturaleza de la realidad, cómo sabe lo que sabe y cómo cree que debería vivir su vida.

Cuando hacemos la pregunta, "¿Deberíamos ejecutar a los asesinos?", la gente defenderá su respuesta dando un paso atrás y apoyándose en su generalización sobre el mundo o la naturaleza humana o lo que sea. Defienden su punto de vista sobre cuestiones muy importantes recurriendo a sus suposiciones filosóficas.

¿QUE SIGNIFICA "HACER FILOSOFÍA"?

Todo el mundo hace filosofía. Pero ¿qué significa "hacer filosofía"? Hay dos tareas en la filosofía. Primero, hay una *tarea crítica*: el filósofo examina las opiniones de la gente. Hacer esto no hace que los filósofos sean populares. Es por eso por lo que **Sócrates** fue ejecutado. Iba por ahí hablando con la gente. Decían que sabían lo que era la justicia o lo que era la belleza. Sócrates les hacía preguntas, los guiaba y les mostraba que no sabían de lo que estaban hablando. No habían sistematizado su pensamiento o sus generalizaciones sobre la experiencia en el mundo. Por eso lo mataron. A la gente no siempre le gusta cuando hace preguntas sobre lo que creen y les interroga y, por lo tanto, califica su forma de pensar (filosofía/cosmovisión) como inconsistente.

Esa es la tarea crítica de la filosofía. Ahí es donde los filósofos son analíticos. Intentan establecer distinciones. Buscan relaciones lógicas. Intentan que la gente se asegure de tener pruebas de lo que dicen y no están siendo arbitrarios.

> *Los filósofos tratan de establecer distinciones. Buscan relaciones lógicas. Intentan que la gente se asegure de tener pruebas de lo que dicen y no están siendo arbitrarios.*

La tarea crítica de la filosofía busca presupuestos fiables para todo nuestro pensamiento. Puede imaginarse esas presuposiciones como los cimientos de un edificio. Son los supuestos asumidos confiables con respecto a la naturaleza de la realidad, es decir, con *la metafísica*.

METAFÍSICA, EPISTEMOLOGÍA Y ÉTICA

La metafísica es el estudio de la naturaleza de la realidad. ¿Qué hay más allá del mundo físico? ¿Cuál es la naturaleza del mundo en que vivimos? ¿De dónde vino?

¿Cuál es su estructura? ¿Qué cosas son reales? ¿Los ángeles son reales? ¿Cuántos ángeles pueden bailar en la cabeza de un alfiler?

"¡Ajá!", dice usted. "¡Qué hermosa ilustración de cuán tonta es la filosofía!"

Pero esa ilustración común de la futilidad y la naturaleza periférica de la filosofía fue una forma tentadora de expresar una pregunta metafísica muy profunda e importante: ¿Cuál es la base de **la individuación**? ¿Qué le hace diferente a mí? ¿Qué hace que dos cosas de una clase en particular sean diferentes entre sí?

Hay dos formas de responder a eso, y ambas tienen aparentemente buenos argumentos para ellas. Una es decir que se distinguen por sus características. Tú y yo pertenecemos a la clase de los seres humanos. Pero tu nariz no se parece a la mía. Esa es una característica que nos diferencia.

Otra respuesta es decir que tú eres un ser humano y yo soy un ser humano, pero lo que nos distingue es que hay una materia diferente en ti que en mí. Si tu mamá extiende la masa para galletas y usa un cortador de galletas para cortar un muñeco de pan de jengibre y luego otro, ambos se ven iguales pero la masa en uno no es la misma que la masa en el otro. Algunas diferencias son sutiles, mientras que otras son más llamativas.

Ahora bien, los ángeles se distinguen por las materias y características inmateriales y no por la materia física. Entonces, ¿cuántos ángeles pueden bailar en la cabeza de un alfiler? Si no ocupan espacio material, ¿cuántos caben en la cabeza de un alfiler? Un número infinito, porque no hay límite material.

Cuando los filósofos medievales sacaron a relucir ese pequeño enigma (si es que, de hecho, realmente lo hicieron) esa fue una forma de cuestionar sobre una pregunta muy profunda. ¿Es la materia lo que individualiza las cosas o son las características las que individualizan las cosas? Esas son preguntas metafísicas.

¿Existe Dios? ¿De dónde vino el mundo? ¿El hombre tiene alma? ¿Hay vida después de la muerte? Esas son preguntas metafísicas.

El filósofo examina críticamente lo que dice la gente, busca sus suposiciones metafísicas y dice cuáles son confiables.

En segundo lugar, la filosofía está interesada en la **epistemología**: ¿Cuál es la naturaleza y cuáles son los límites del conocimiento humano? ¿Cómo sabe lo que sabes? Da por hecho esas cosas, pero vale la pena pensar en ellas. Si pregunto, "¿Cómo sabe que su madre le ama?", podría decir, "Recuerdo cosas que ella ha hecho por mí. Ella me vistió. Ella me cuidó cuando estaba enfermo. Ella me daba regalos de Navidad. Ella me daba un beso de despedida. Ella me escribe cartas. Pero luego diré: "¿Cómo sabe que ella hizo esas cosas?" Usted dice: "Yo lo recuerdo". Y yo respondo: "¿Cómo sabe que su memoria es confiable?" ¿Ahora qué va a decir? ¿Su memoria es confiable porque recuerda que su memoria era confiable cuando la examinó por última vez? Eso es una petición de principio, usar la memoria para respaldar la memoria. Está en un bucle de justificación.

> *La epistemología es la naturaleza y ¿cuáles son los límites del conocimiento humano? ¿Cómo sabe lo que sabe? Da por hecho esas cosas, pero vale la pena pensar en ellas.*

También buscamos presupuestos confiables con respecto a la ética. ¿Cómo debemos vivir nuestras vidas? ¿Pueden ayudar los homosexuales?¿Qué hacen? ¿Pueden los dictadores y los terroristas ayudar en lo que hacen? ¿Por qué o por qué no? Muchas personas viven sus vidas sobre la base de ciertas presuposiciones sobre la conducta humana que no están bien pensadas. El filósofo tiene la tarea crítica de buscar *confiables presuposiciones* sobre la realidad, el conocimiento, la conducta humana y la ética.

LA FILOSOFÍA NO SE LIMITA A LAS AULAS

Eso es sólo una cosa que hace el filósofo y, de nuevo, todo el mundo es filósofo. No todo el mundo es un filósofo profesional o formado en filosofía. No todas las personas lo hacen bien. Pero todos tienen puntos de vista sobre la realidad, sobre cómo sabemos lo que sabemos y sobre cómo debemos vivir nuestras vidas.

Cuando vaya a los diferentes departamentos de la universidad, encontrará que los profesores investigan y exponen verdades sobre diferentes áreas de la vida. Pero todos ellos están haciendo filosofía. El historiador tiene su tarea que hacer, pero no puede hacerlo sin una base en metafísica, epistemología y ética. El profesor de biología está interesado en obtener generalizaciones mundiales sobre los seres vivos, pero esas generalizaciones se basan en una filosofía sobre la naturaleza de la realidad, cómo sabe lo que sabe y cómo deberíamos vivir nuestras vidas. Y eso también se aplica a todas las demás áreas de estudio: astronomía, literatura, música, etc.

También es cierto para el resto de la vida. Es cierto cuando vas de compras, tienes una filosofía cuando vas de compras. No me refiero a una filosofía sobre cómo obtener los mejores precios y demás, sino a una filosofía fundacional que sustenta esa actividad.

¿Y si fuera un buen hindú? ¿Un buen hindú alguna vez iría de compras? Un hindú dice que toda la realidad es *maya*, ilusión. Pero si todo es ilusión, entonces la diferencia entre 9 y 12 es ilusión. Cuando compra, entonces, no sabría si comprar una docena de huevos o solo nueve. Si todo es ilusión, ¿por qué pagaría algo al salir por la puerta? Se dirige al auto y alguien corre hacia usted y le dice: "¡OIGA! ¡No pago por esos alimentos!", y usted dirá: "¿Qué alimentos? Todo es una ilusión. De hecho, *usted es* una ilusión.

No se puede vivir en este mundo sin alguna visión de la realidad, el conocimiento y la ética. Todo el mundo tiene una filosofía básica. La primera tarea de la filosofía, hemos dicho, es examinar críticamente las suposiciones de las personas para encontrar presuposiciones confiables sobre la metafísica, la epistemología y la ética. Estos supuestos son los cimientos de la vida de las personas. Pero si esos son los cimientos, también necesitamos un techo, algo que reúna todas estas áreas de la vida en lo que llamaríamos una cosmovisión unificada.

¿DE QUÉ SE TRATA TODO ESTO?

Una vez que hemos hecho nuestro estudio de literatura, historia, biología, física o lo que sea, alguien debe hacer la pregunta: "¿De qué se trata todo esto?" ¿Cómo agrupa todo esto? ¿Cómo relaciona lo que aprendió en la clase de ciencias políticas, con lo que aprendió en la clase de literatura, con lo que aprendió en el laboratorio de psicología experimentando con ratas viendo como responden a los estímulos?

¿Qué son los humanos? ¿Solo animales o algo capaz de amar? ¿Es algo que es miserable, que destruye, asesina, viola y roba, o es algo que está cerca de Dios? ¿Qué es el hombre y de qué se trata la vida? ¿Cuál es el significado de la vida? Son preguntas que a veces se ridiculizan, pero todos se preguntan por el sentido de la vida. Todo el mundo dice: "¿Para qué estoy aquí? ¿Realmente nací solo para que me criaran, para conseguir un trabajo, casarme y tener bebés que serán criados para conseguir trabajos, casarse y tener bebés que serán criados? ¿Es eso realmente todo de lo que se trata? ¿Es por eso por lo que estamos aquí?

La gente se pone filosófica cuando mueren sus amigos. ¿Por qué tenemos funerales y servicios conmemorativos? ¿De qué se trata todo eso? Eso es lo que hacen los filósofos. No hacen muchas cosas buenas, detalladas e interesantes, pero nos ayudan a sentar las bases y nos ayudan a unir todo en una cosmovisión. Una cosmovisión es una red de presuposiciones que no son comprobadas por las ciencias naturales, en términos de las cuales se relaciona e interpreta toda experiencia.

LAS COSMOVISIONES SON UN PAQUETE

Una cosmovisión es una red de presuposiciones, esas convicciones más básicas que todos tenemos sobre la realidad, sobre cómo sabemos lo que sabemos y sobre cómo debemos vivir nuestras vidas. Es en términos de ello que evaluamos y experimentamos todo lo demás. Le ayudan a unir toda la vida y darle sentido, a comprender la belleza, la justicia, la dignidad humana, la lógica, la ciencia y el significado de la vida.

Por eso dije que las ciencias naturales no prueban una cosmovisión. No pone a prueba sus compromisos fundamentales con la ciencia natural porque la ciencia natural también se basa en compromisos fundamentales. Los mismos métodos de las ciencias naturales dependen de una visión particular de la realidad.

¿Por qué los hindúes no han desarrollado extensos cursos de medicina y tecnología industrial? Como señalé anteriormente, los hindúes creen que todo es *maya*, ilusión. Eso no da mucha motivación para desarrollar ciencias naturales y el resultado de estas.

Su red de presuposiciones le informa la naturaleza de la ciencia, el método que usa en la ciencia y cómo interpretar la ciencia. Esto no está probado por la ciencia, Es sólo en términos de esos presupuestos fundamentales que se puede hacer ciencia.

Las cosmovisiones son un paquete completo. No puede sacar un poco de esta cosmovisión y un poco de esa y hacer una especie de ensalada de frutas filosóficas. No encontrará a una persona que sea empirista en su epistemología y que también sostenga la visión de la realidad de Platón.

> *Una cosmovisión es una red de presuposiciones, esas convicciones más básicas que todos tenemos sobre la realidad, sobre cómo sabemos lo que sabemos y sobre cómo debemos vivir nuestras vidas. Es en términos de ello que evaluamos y experimentamos todo lo demás.*

Platón creía que la realidad última estaba en el reino de las ideas o de las "formas". Si ve tres patos, entonces debe tener una idea de lo cual cada uno de ellos es un ejemplo de pato. Pero ¿dónde está la *idea* de pato? No solo en su mente. Platón dijo que la idea de pato existe fuera de este mundo. No es parte del tiempo y el espacio. Debe haber un reino de ideas o formas.

Pero si tiene esa visión de la realidad (esa realidad última es idea, no carne y sangre, aquí y ahora, tiempo y espacio particulares) entonces no será un empirista en su teoría del conocimiento. No dirá: "Sabemos lo que sabemos debido a nuestros sentidos". Si la realidad última está fuera del tiempo y el espacio, entonces algo que está en el tiempo y el espacio no es el medio por el cual lo vas a conocer.

Las cosmovisiones son paquetes. La gente no puede decir: "Tomaré un poco de este tipo de metafísica y un poco de ese tipo de epistemología. También me gusta ese tipo de ética, así que uniré todas esas cosas".

Comprender las cosmovisiones tiene mucho que ver con nuestra defensa de la fe cristiana. Pero debido a que las cosmovisiones son un paquete, debe comprender que su compromiso cristiano significa que ha hecho un compromiso para toda la vida. Todo lo que piensa y hace está ligado a su compromiso cristiano.

También debe saber que el desafío de su cristiandad en cualquier momento desafía implícitamente todo lo que cree como cristiano, y viceversa también. Cuando la cosmovisión del incrédulo ataca en un punto, es la cosmovisión del incrédulo la que está en peligro en todos los puntos. Entender lo que son las cosmovisiones y las filosofías le permite hacer bastante daño interno con la visión del mundo del incrédulo, como veremos más adelante.

GLOSARIO

Aristóteles rechazó la afirmación de Platón de que las cosas físicas eran representaciones de formas perfectas idealizadas que existían en otro plano de la realidad. Aristóteles pensaba que la esencia de un objeto existía con el objeto mismo.

Individuación: El proceso a través del cual una persona logra un sentido de individualidad separada de las identidades de los demás y comienza conscientemente como ser humano en el mundo. ¿Qué le hace diferente a mí? ¿Qué hace que dos cosas de una clase en particular sean diferentes entre sí?

Maya: Todo es ilusión.

Filosofía: Técnicamente, el amor (*philo*) de la sabiduría (*sophia*). Como disciplina académica, la filosofía es el estudio de la fuente fundamental y la naturaleza del ser, el conocimiento, la realidad y la existencia.

Platón: Creía en entidades abstractas (las Formas) o Ideas y negaba la realidad material del mundo físico. Platón consideró el mundo material sólo como una imagen o copia del mundo real donde estas formas o ideas residen fuera del mundo real.

PREGUNTAS PARA LA DISCUSIÓN

1. Discuta esta cita: "La cuestión no es si hace filosofía sino qué tan bien la hace".

2. ¿Qué significa reducir sus diversas experiencias a generalizaciones legales?

3. Ha empezado a hacer filosofía cuando empieza a hacer ¿Cuales dos cosas?

4. ¿Cuál es la tarea crítica de la filosofía?

5. ¿Por qué la metafísica y la epistemología son importantes para hacer filosofía?

6. "Las cosmovisiones son paquetes". conversar

CAPÍTULO 7
DESAFÍOS DE LAS COSMOVISIONES EN COMPETENCIA

En este capítulo, vamos a comenzar enumerando diferentes tipos de cosmovisiones. No pretendo mencionar todas las escuelas de filosofía que han aparecido, pero les daré los tipos básicos de visiones del mundo, las opciones principales en su filosofía de vida. Tenga en cuenta que no tiene que conocer todos los detalles de una cosmovisión. Lo que sí necesita saber son las presuposiciones subyacentes de una cosmovisión particular.

Luego veremos varias formas de ver el mundo y hacer una crítica interna de ellas, para que tenga los problemas y preguntas básicas y esté equipado para enfrentarse a todos los que se enfrente.

Examinaremos el campo primero y luego entraremos en una crítica interna del ateísmo materialista, que es quizás una de las filosofías más fáciles y absurdas disponibles en la actualidad.

LISTA Y MAPA DE VISIONES DEL MUNDO

Monismo espiritual y dualismo

El monismo espiritual dice que la realidad se compone de un solo tipo de cosas (por eso se llama "monismo", unismo). Todo es uno, y el único tipo de cosa del que consiste todo es de carácter espiritual, no físico, no material. Lo que percibimos como el mundo físico es algo así como una ilusión. Parece que hay materia. Parece que hay cosas diferentes en el mundo, que hay distinciones. Pero de hecho, todo es uno y el uno es espiritual.

El hinduismo es un buen ejemplo de monismo espiritual. El hinduismo dice que, contrariamente a las apariencias, todo es uno. No hay distinción entre tú y yo. No hay distinción entre nosotros, la hierba y los árboles. Todo es uno, y el uno es Dios. Todos somos Dios. El hinduismo es **panteísta**. Dice que todo es Dios, y Dios no es material. Puede parecer que el mundo material es real, pero no lo es. Es una ilusión porque no hay distinciones genuinas en lo que llamamos realidad.

> *Monismo significa que no hay distinción entre tú y yo. No hay distinción entre nosotros, la hierba y los árboles.*

Actualmente, está pasando por la vida. Está en lo que se llama la Rueda de la Vida y debe seguir regresando una y otra vez, reencarnando. Si no lo hace bien y tiene lo que se llama mal karma, entonces regresará en una forma inferior a la que tienes ahora. Puede volver como una *hormiga* o incluso peor, pero una vez que viva su vida correctamente, comenzará a abrirse camino. Si hace un

CAPÍTULO 7 | 157

buen trabajo, en lugar de volver como una hormiga, podría volver como un toro Brahma. Si hace un trabajo realmente bueno, eventualmente dejará de regresar por completo y, como dice en forma poética en el *Bhagavad Gita*, la única gota caerá en el océano sin orillas de la realidad. Entonces dejará de reencarnar y habrá llegado al **Nirvana**. No hay un Dios personal para evaluar la vida de una persona. Esa es una forma de ver el mundo. El hinduismo es sólo la principal ilustración del monismo espiritual. Pero es la categoría lo que necesita tener en mente. Algunas personas dicen: "Todo es uno". Son monistas, y en este caso, su monismo es espiritual.

Frente al monismo, tenemos el **dualismo**. El dualismo significa que hay dos tipos de realidad: mente y materia, o espíritu y cuerpo. Algunas cosas son de naturaleza material, física, pero también hay otro tipo de realidad que no es física, que no se extiende en el espacio, sino que es espiritual, mental o de naturaleza de las ideas. Entre los dualistas, encontrará dos subdivisiones básicas, el primero es idealismo, y el segundo es estoicismo.

Idealismo

El **idealista** concede que existe un mundo físico pero dice que el mundo físico está organizado y es conocido por las ideas o tipos, los conceptos que gobiernan el mundo físico y se encuentran fuera de él. ¿Qué es una idea? Duckness es una idea. Huey, Dewey y Louie[31] son patos particulares, instancias particulares de la idea de pato.

Los idealistas, como Platón, decían que la idea de pato existe fuera del tiempo y el espacio en otro reino. Es un

---

[31] Huey, Dewey y Louie son tres patos trillizos de dibujos animados, sobrinos del Pato Donald y sobrinos nietos de Gilito McPato.

tipo diferente de realidad, pero es el tipo de realidad más importante, la realidad más alta, y esa realidad, de alguna manera, controla esta realidad.

> *El idealista concede que existe un mundo físico pero dice que el mundo físico está organizado y es conocido por las ideas o tipos, los conceptos que gobiernan el mundo físico y se encuentran fuera de él.*

El mundo en el que vivimos presenta muchos seres humanos, pero ningún ser humano es un ser humano perfecto. Todo el mundo tiene imperfecciones, y si no son imperfecciones físicas, entonces son imperfecciones psicológicas, o de personalidad, mente o alguna otra cosa. Nadie es un espécimen perfecto de la humanidad.

Así también, no hay un triángulo perfecto. Si le estuviera enseñando geometría y pusiera un triángulo en la pizarra, siempre habría algo mal con el triángulo. Por muy perfecto que intentara hacerlo, una de las líneas no sería completamente recta, uno de los ángulos no sería exactamente lo que debería ser. Pero todos sabemos lo que es un triángulo. Y todos sabemos lo que es un ser humano. Todos tenemos la idea. Es solo que nunca encontramos la idea perfectamente encarnada o ilustrada en el aquí y ahora en la tierra.

El idealista dice que la idea de "triángulo" está fuera de este mundo. La idea de humanidad está fuera de este mundo. La idea del amor está fuera de este mundo. En este mundo, todo lo que tenemos en el mejor de los casos son aproximaciones.

¿Cómo conocemos estas ideas o ideales? El idealista acaba diciendo algo así como "nosotros los intuimos". Venimos al mundo con un *a priori* de ellos, un conocimiento que viene antes de la experiencia en este mundo. En este mundo, cuando nos encontramos con una silla, intuimos la silla, la idea de silla, y aplicamos esa idea a todo tipo de sillas además de la que aprendimos por primera vez que es una silla. Hay una idea que intuimos o con la que venimos al mundo que no forma parte del tiempo y del espacio.

¿Alguna vez ha visto patitos? ¿Alguien ha matado al pato o ha tratado de servirlo para la cena? No puede hacerlo, porque no puede matar una idea. No puede comerla. Las ideas existen fuera de este mundo. Pero, dice el dualista, hay una realidad espiritual, una mente, que conoce e intuye las ideas y hay una realidad física, un cuerpo, que se encuentra con los patos, los patos particulares, los triángulos particulares, los seres humanos particulares del mundo.

Estoicismo

El **estoicismo** es otra forma de dualismo. Los estoicos también creían que existe una especie de realidad física y una realidad mental o espiritual. El estoico, sin embargo, tendía a ser moralista. Decía que en este mundo no puede evitar las circunstancias de su vida, en lugar de luchar contra las circunstancias, debe dejarse llevar. Lo que sea que le esté sucediendo en este mundo, debe aceptarlo y ser firme al respecto, mantener la compostura y continuar con su vida. Mientras luche contra el flujo de la vida y lo que le espera en este mundo, será infeliz y se frustrara.Si la vida le ha dado algo que es contrario a sus deseos, entonces debe ajustar sus deseos. Debe soportar los problemas de la vida, sea un buen soldado al respecto. Eso es lo que hizo a los estoicos muy buenos soldados. El emperador romano Marco Aurelio amaba el estoicismo porque si sus tropas estudiaban estoicismo, se volvían muy obedientes y sumisas. En lugar de pensar que tenían derechos que estaban siendo violados o de quejarse de que no tenían una vida fácil, simplemente tomaban lo que les daban.

> *Los estoicos enseñaron que en este mundo no puede evitar las circunstancias de su vida, en lugar de luchar contra ellas, debe dejarse llevar.*

La mentalidad estoica dice que hay una razón o una ley que fluye a través del mundo físico, y necesita subirse a esa ola, y montarla completamente hasta la orilla, simplemente dejarse llevar por lo que se le presente. El idealista dice que la razón, las ideas, las formas ideales están fuera de este mundo. El estoico dice que la razón fluye a través de las cosas de este mundo. En ambos casos, tiene dualismo, una realidad física y una realidad racional, ideal, espiritual o mental también.

Materialismo Atomista

Un tercer tipo de cosmovisión es **el materialismo atomista**. Note la conexión entre estas categorías, porque las hace más fáciles de recordar. La primera era monista: Sólo hay un tipo de realidad, en este caso espiritual. El siguiente fue el dualismo: hay dos tipos de realidad. El tercero es atomista y dice que hay un número infinito de fragmentos de realidad, pero todos están hechos de materia. La realidad está hecha de materia física, y esa materia física se descompone en fragmentos de materia cada vez más pequeños.

> El materialismo atomista dice que hay un número infinito de fragmentos de realidad, pero todos están hechos de materia. Si todo está hecho de fragmentos de materia, y esa es toda la realidad que existe, entonces, ¿qué es el amor?

Esa es la visión que más se acerca a la perspectiva común de nuestra cultura actual. Es el punto de vista que prevalece en las ciencias de la universidad, y es lo que la mayoría de la gente da por sentado, es decir, hasta que comienzas a presionarlos sobre las implicaciones del materialismo atomista.

Una de esas implicaciones es esta: si todo está hecho de fragmentos de materia y esa es toda la realidad que existe, entonces, ¿qué es el amor? Si es algo, el amor es solo una forma de describir algún tipo de proceso material. Algunas personas han estado dispuestas a decir que el deseo sexual se romantiza como "amor", pero básicamente lo que realmente está pasando es algo que tiene que ver con tus hormonas. Pero, por supuesto, eso no explica el amor de un padre por sus hijos o el sacrificio de un amigo por otro, formas de amor que no tienen nada que ver con los deseos sexuales, etc.

Hay algunas personas que tratan de reducir el amor a algún tipo de interacción material, pero muy pocas personas harían eso. Lo que suele suceder, si presiona a un materialista para que defina el amor, es que diga: "Bueno, en realidad no hay nada que se llame amor". O retrocederá en su materialismo y se volverá un poco dualista. Quiere creer que hay ideas, que hay algo en esta idea de dar a los demás, ser sacrificado y amoroso, pero ¿quién sabe qué es eso? El materialismo atomista se diferencia del dualismo en que dice: "En última instancia, no hay ideas, no hay mente. Hay tejido cerebral, pero no hay mente. No hay leyes inmateriales o "cosas" similares a ellas".

Determinismo

El **determinismo** es una forma de materialismo atomista donde no hay libertad en este mundo. Todo está determinado de antemano. El determinista sostiene que todo, cada evento que tiene lugar, es teóricamente predecible si conoces todas las causas precedentes. Si conoce las causas, puede saber lo que va a suceder.

Por ejemplo, si el determinismo es correcto y si tuviera una computadora lo suficientemente grande que pudiera tener en cuenta todas las causas, todas las cosas que pasarían en su tejido cerebral, todas las palabras que saldrían de mi boca, etc. podría predecir cómo respondería, cómo ordenaría sus asientos y todo lo demás. En teoría, sería predecible, porque no hay libertad ni aleatoriedad en el universo. Todo sucede por causas anteriores.

Conductismo

Hay dos formas principales de determinismo con las que se va a encontrar, una más común que la otra. La primera es el **conductismo**, la doctrina psicológica que dice que los seres humanos actúan como están condicionados a actuar. El conductista dice que todo el comportamiento humano es el resultado teóricamente predecible *del* condicionamiento antecedente, de modo que ustedes son, por así decirlo, ratas de laboratorio avanzadas. Está condicionado en su hogar y por su sociedad, y dado ese condicionamiento, su comportamiento es teóricamente predecible. Puede pensar que tiene libre albedrío, pero no es así.

> *El conductismo es la doctrina psicológica que dice que los seres humanos actúan como están condicionados a actuar.*

Puede pensar que toma decisiones. Pero todo eso no es más que el complicado desenlace de factores que, de haberlos sabido, nos habrían permitido decirle lo que iba a hacer. Eso es conductismo.

Marxismo

La otra forma de determinismo es **el marxismo**. El marxismo es algo diferente del conductismo en que se centra no tanto en la psicología humana y lo que hace que los individuos hagan lo que hacen, sino más bien en ciertas fuerzas históricas —en particular, las fuerzas económicas y los medios de producción utilizados en una sociedad particular— que determinan el resultado de esa sociedad en su conjunto. El marxismo es una forma más completa de determinismo, mientras que el conductismo es más individualista.

Hemos hablado sobre el monismo espiritual y sobre dos formas de dualismo. Pero también hay dos formas de materialismo atomista. Está la forma determinista, que puede tomar la forma de conductismo o marxismo.

Hedonismo y Egoísmo

Pero también existe un materialismo atomista que cree en

el libre albedrío, que —como sobregeneralización— voy a llamarle **hedonismo**. Una forma hedonista de libre albedrío dice que vivimos para una cosa u otra, y luego, por supuesto, hay argumentos sobre el por qué debemos vivir. El egoísta, que no debe confundirse con un egotista (alguien que está absorto en sí mismo), dice que debe ejercer su libre albedrío para su propio beneficio, para lo que sea que lo lleve adelante. Mi profesor de ética en la USC, John Hospers, fue uno de los teóricos recientes más conocidos del egoísmo. Promovió la filosofía política conocida como libertarianismo, según la cual todo el mundo debería ser libre de hacer lo que más le convenga. Usa su libre albedrío para avanzar en su propio rumbo. Eso no siempre significa que haga cosas egoístas. Si es un egoísta inteligente, sabe que lo mejor para usted sería ayudar a la gente, al menos de vez en cuando.

¿Por qué haría eso? Es de su interés a largo plazo detenerse y ayudar a alguien que necesita que le cambien la llanta porque algún día puede necesitar a alguien que lo ayude. No lo hace porque ama a esta persona. Lo hace porque es la política más racional para vivir en un mundo favorable a usted y a sus intereses.

Utilitarismo

Los que no son hedonistas egoístas son utilitaristas. El utilitarista dice que debe hacer lo que sea mejor para la mayoría de las personas. La mayor felicidad para el mayor número es lo que debe regir nuestro libre albedrío. Debe hacer todo lo que *conduce* al bien de todos, tanto como pueda.

El mejor ejemplo de **utilitarismo** que vemos hoy en nuestra cultura es el socialismo. El socialismo dice que el Estado debe gobernar los medios de producción y que no debe haber propiedad privada. De esa manera, se considerará el interés de todos, en lugar de que cada uno haga lo que crea mejor, a menudo de manera egoísta, como en el egoísmo. No todos los utilitaristas son socialistas. Algunos son estatistas del bienestar,[32] y también hay otras versiones. *El utilitarista dice que debes hacer lo que sea mejor para la mayoría de las personas. La mayor felicidad para el mayor número es lo que debe regir vuestro libre albedrío.*

Existencialismo

Finalmente, bajo la categoría de hedonismo o la comprensión del libre albedrío del materialismo atomista, deberíamos incluir **el existencialismo**. El existencialismo enfatiza tanto la libertad del hombre que, según el existencialista, nada gobierna lo que será. Viene a este mundo a existir y luego elige lo que será. Nada determina su esencia desde el exterior. Dios no determina lo que será. El Estado no determina lo que será. Su condicionamiento social no determina lo que será. Su biología no determina lo que será. Usted elige libremente lo que será. No hace lo que hace por el maestro de la escuela, el sacerdote, el pastor o sus padres. Hace lo que hace porque lo elige. El existencialismo tiene una doctrina radical de la libertad. Primero existe y luego elige su esencia, como dijo el famoso filósofo existencial Jean-Paul Sartre (1905-1980):

"La existencia precede a la esencia". Serás lo que elijas ser. Lo que distingue a estas tres escuelas básicas de filo-

---

[32] El socialismo se define como la propiedad estatal de los medios de producción. Lo que hoy se suele llamar socialismo es una forma de fascismo económico en el que un gobierno todopoderoso manipula la economía en beneficio de unos pocos frente a la mayoría, utilizando su poder para controlar a las masas mediante programas de bienestar para garantizar la continuidad del poder de la clase dominante.

sofía es su visión de la naturaleza de la realidad. ¿Es uno y espiritual? ¿Son dos, mente (o espíritu) y cuerpo? ¿O es uno, pero material —compuesto de muchos pedacitos— y no espiritual? Estas son las distinciones: materia, espíritu o ambos; muchas cosas o una cosa. Si configura esa cuadrícula en su mente, casi cualquier vista que encuentre caerá en una de esas categorías, ya sea que usen este vocabulario o no.

Pragmatismo o escepticismo

Pero hay otra opción que se distingue de estas tres básicas, no sobre la base de su visión de la naturaleza de la realidad, sino sobre la base de su punto de vista sobre si se puede saber algo con certeza sobre la realidad última. A esta cuarta escuela básica de filosofía la llamaré **pragmatismo** o **escepticismo**.

El pragmático o escéptico es el filósofo que ve discutir a todas estas otras escuelas de pensamiento y dice: "¿A quién le importa?" El pragmático —como John Dewey, a principios del siglo XX— dice: "Todos estos viejos problemas filosóficos no valen nada; no hay valor en efectivo para ellos. Lo único que *realmente* marca la diferencia es si tienes éxito en este mundo para resolver tus problemas".

Ser pragmático, por lo tanto, significa olvidarse de las cuestiones teóricas y seguir resolviendo las cosas. Dewey dijo que no importa si conozco la naturaleza de la realidad, si me estoy adaptando a mi entorno con éxito, si estoy haciendo avanzar a la especie, si la evolución avanza gracias a nuestros esfuerzos. Si tenemos éxito, entonces eso es verdad, la verdad ya no es la correspondencia con el mundo o la naturaleza de la realidad; la verdad es lo que funciona. Hay una forma humorística de describir diferentes enfoques de la filosofía. Imagine un elefante en una barcaza frente a la costa. La pregunta es "¿Cómo llevamos el elefante de la barcaza a la orilla?" El filósofo europeo comenzaría diciendo: "¿Es real el elefante?", y continuaría desde allí. El filósofo británico, con una orientación más empírica y científica, comenzaría con la pregunta: "¿Cuánto pesa el elefante?" El filósofo estadounidense, siendo un pragmático, diría: "¿Cuánto me pagará para moverlo?"

> *El pragmático o escéptico es el filósofo que ve discutir a todas estas otras escuelas de pensamiento y dice: "¿A quién le importa?"*

Eso puede ser un poco exagerado e injusto, pero llega al meollo del asunto del pragmatismo. El pragmatismo dice: "No me importa si es real, sinceramente no me importa lo que pesa. Donde el neumático toca la carretera es: ¿Cuánto me paga o si funcionará?".

Una versión del pragmatismo que no va muy lejos para decir que la verdad es lo que funciona es el *escepticismo*. El escéptico dice: "Nadie sabe con seguridad ". A menudo, se vuelve cínico. Él dice: "Puesto que nadie lo sabe con certeza, puesto que no sabemos cuáles son los valores últimos o cuál es la naturaleza de la realidad, lo único que realmente cuenta es salir adelante en la sociedad", no en el sentido pragmático, sino en el sentido más egoísta y autocomplaciente. Los escépticos a menudo se convertían en entrenadores de debates en la antigua Grecia. Los sofistas, que eran filósofos escépticos, decían: "No existe la verdad absoluta. Nadie puede saberlo con seguridad.

Así que permítanos enseñarle cómo salirse con la suya en la asamblea debatiendo bien".

Esta cuarta categoría de filosofía es básicamente renunciar a las grandes preguntas de la filosofía y simplemente prestar atención a lo que funciona. No puedes saber nada. no puedo saber nada Lo dejaremos así". Esto es demasiado simplista, pero es lo suficientemente preciso para nuestros propósitos aquí.

Cada punto de vista con el que se encuentre se reducirá a una de estas posiciones o alguna variante de ellas. Las personas con las que se encuentre van a ser monistas y pensarán que todo es espiritual, o dualistas de tipo idealista o estoico, o materialistas atomistas, pensando que hay libre albedrío o que no lo hay, o pragmáticos o escépticos, que dirán: "No hay diferencia; lo único que importa es que tengamos éxito en la solución de nuestros problemas" —o, más cínicamente, "Nadie puede saber nada con certeza". Cuando se encuentre con alguien que tiene una religión diferente a la suya, la tentación será pensar que estas categorías se aplican sólo a las filosofías incrédulas, no a otras religiones.

Pero esas otras religiones no son verdaderas. No se basan en la revelación del único Dios vivo y verdadero. Y también son una especie de filosofía. Si les trata como las filosofías que son, entonces el método de refutación que le doy será tan efectivo con ellos como lo es con cualquier otra cosa. Tenga en cuenta estas escuelas filosóficas y sus expresiones junto con otras expresiones de cosmovisión y sus características. En este punto, voy a comenzar a revisar diferentes opciones y mostrarle una respuesta. Primero, voy a refutar el materialismo ateo. Luego pasaré al dualismo platónico, que es una versión secular del dualismo y la mejor que hemos visto en la historia. Y después de eso, refutaré las filosofías religiosas, las cosmovisiones religiosas.

Pero antes de llegar al ateísmo, repasemos. ¿Qué hace todo el mundo cuando hace filosofía? Deben llegar a presuposiciones confiables que sustenten todo lo demás en su estudio, y deben ser capaces de unificar el mundo en una cosmovisión, donde cada parte de la experiencia del hombre tiene su lugar apropiado y todo se interpreta. Vamos a preguntar: ¿Puede el ateísmo materialista hacer eso?

IDENTIFICAR LA ARBITRARIEDAD

Para refutar una filosofía, hay diferentes cosas que puede hacer. Pero dos cosas deben estar en su mente. Quiere ver la cosmovisión de su oponente e identificar la *arbitrariedad* o *la inconsistencia*.

La arbitrariedad no está permitida en una perspectiva filosófica porque entonces no es racional; es solo una cuestión de cómo se sienta ese día. La arbitrariedad no le da ninguna razón para creer que ha encontrado la verdad. Tal vez tuvo indigestión esta mañana y eso afectó su visión de la naturaleza de la realidad. O tiene personas que sacan lo que les gusta de esta y aquella visión, como si todas pudieran ser ciertas. La arbitrariedad no está permitida en una cosmovisión filosófica.

A menudo, la gente viene a mí en busca de ayuda con la apologética. Dicen: "Bueno, pero mi compañero de cuarto dice..." o "Mi profesor dice. . . Y yo digo: "Está bien, ¿y *por qué* dijeron eso?". Por lo general, resulta que el compañero de cuarto o el profesor no tenían un argumento para su posición.

Nos engaña el vocabulario elegante de un profesor. Pero cuando expresa su punto de vista, deberíamos decir, respetuosamente, "Gran cosa". Necesita llegar al lugar donde pueda decirle a alguien a quien le está argumentando, "¿Por qué cree eso? ¿Tiene alguna razón para pensar eso? ¿Puede dar cuenta de sus afirmaciones sobre esto o aquello?

Supongamos que alguien dice: "Creo que todo el comportamiento humano está determinado por el condicionamiento social". usted le dice: "¿Pero por qué cree eso?". "Bueno, porque mi maestro dijo eso". Esa es la fe ciega de la que la gente piensa que los cristianos son culpables. "¿Cree porque su maestro lo dijo? Tiene que hacer algo mejor que eso. ¿Por qué su profesor lo cree? ¿En qué basa su creencia? ¿Por cual estándar?

"Bueno, yo lo creo porque lo he visto", Entonces, "Está bien", puede responder, pero está diciendo que *todo* el comportamiento humano está determinado por fuerzas sociales precedentes. ¿Ha visto todo el comportamiento humano? ¿Todas las fuerzas sociales? ¿La conexión causal entre las dos?

Por supuesto, él no ha visto que eso suceda. Ha visto algunas acciones humanas de las que extrapola una causa social para todas las acciones. Y usted puede decir: "Entonces tiene un problema lógico. Está pasando de una evidencia muy escasa a una conclusión muy amplia (generalización apresurada). Esa evidencia no respalda su conclusión, por lo que su conclusión se derrumba".

No debe permitir que el incrédulo se salga con la suya con la arbitrariedad, Él o ella debe tener alguna razón para creer lo que hacen. Cuando el incrédulo dice: "Esta es la naturaleza de la realidad; esta es la forma en que debemos vivir nuestras vidas", debe decir: "¿Cómo sabe eso?". Los niños se meten en problemas con sus padres al preguntar ¿Por qué? ¿Por qué? ¿Por qué? ¿Por qué? una y otra vez. Tenga cuidado de no ser molesto en su interacción social. Pero eso es lo que usted está haciendo: preguntar "¿Por qué?"

Estás diciendo: "¿Pero por qué cree en eso? ¿Cómo puede ser eso? ¿Cómo lo sabe? ¿Cómo lo explica? Siga empujando, porque a nadie se le permite ser arbitrario.

IDENTIFICAR LA INCONSISTENCIA

En segundo lugar, a nadie se le permite ser inconsistente. A nadie se le permite contradecirse cuando elabora una filosofía. ¿Por qué no? Puedo darle varias razones, pero esta puede ser la forma más rápida de señalarlo: puede probar cualquier cosa a partir de premisas inconsistentes. Tome este argumento, por ejemplo, basado en los principios fundamentales y las leyes de la lógica que se pueden aprender con un poco de estudio con gran beneficio, le animo a aprender estos principios básicos tomando un curso corto de lógica:

Mi primera premisa que afirmo es P. Mi segunda premisa que afirmó es no-P. Muy pocas personas saldrán y le darán la contradicción en una bandeja como esa. Por lo general, va a ser enterrado en una pila de cientos de premisas. Pero a medida que los revisa, discierne que éste no encaja con aquél. Hay una contradicción, P y no-P no pueden ser verdaderos de la misma manera al mismo tiempo. Si se me concediera tanto P como no-P (siendo P la premisa que afirma algo y siendo no-P la negación de esa afirmación), entonces mi próximo paso en mi argumento lógico sería decir "P o Q". Esto es por la ley de la adición. Siempre que una premisa sea verdadera, puede agregar cualquier otra premisa con la palabra "o" y la premisa compleja también es verdadera. Si hoy es martes, entonces es verdadero decir: "Hoy es martes". Pero también es cierto decir: "Hoy es martes *o* la luna está hecha de queso verde". Dado que hoy es martes, esa afirmación también es verdadera porque la primera parte, antes de la *o*, es verdadera. Siempre que tengo una proposición verdadera P, puedo agregarle lo que quiera.

Pero ahora puedo concluir que Q es verdadera. Esto se conoce como el silogismo disyuntivo, y funciona así: he dicho "P o Q". Una de ellas debe ser cierta. Si puedo negar una de ellas, entonces la otra tiene que ser verdadera. Pero ¿cuáles eran mis premisas? Una de ellas era no-P, la negación de P. Entonces, en el enunciado "P o Q", podemos descartar P y eso significa que Q debe ser verdadero.

Eso puede parecer un pequeño juego mental, pero no lo es, es crucial. Lo que le dice es que cuando hay una inconsistencia en la filosofía de una persona, esa filosofía puede concluir cualquier cosa y, por lo tanto, esa filosofía no es solo inconsistente; también es arbitraria.

No importa cuál sea la cosmovisión o el argumento a favor de una cosmovisión, los principios fundamentales de la apologética siguen siendo los mismos. ¿Sobre qué fundamento último descansa la cosmovisión? ¿Cómo se fundamenta? Al final, "El hombre autónomo debe ser presionado para explicar la necesidad de las leyes de la lógica"[33] para corroborar su visión del mundo y dar cuenta de la lógica que se utiliza para construir esa visión del mundo.

GLOSARIO

Conocimiento *a priori*: conocimiento que viene antes de la experiencia en este mundo.

Conductismo: La doctrina psicológica que dice que los seres humanos actúan como están condicionados a actuar. El conductista dice que todo el comportamiento humano es el resultado teóricamente predecible del condicionamiento antecedente, de modo que ustedes son, por así decirlo, ratas blancas desarrolladas.

Determinismo: el determinismo sostiene que todo, cada evento que tiene lugar, es teóricamente predecible si conoce todas las causas antecedentes (previas), pero nadie las sabe.

Dualismo: Significa que hay dos tipos de realidad: mente y materia, o espíritu y cuerpo.

Existencialismo: Nada gobierna lo que será. Viene a este mundo a existir y luego elige lo que será: "La existencia precede a la esencia". Nada determina su esencia desde el exterior. Jean-Paul Sartre: "¿Qué significa aquí decir que la existencia precede a la esencia? Significa ante todo que el hombre existe, aparece, aparece en escena y, sólo después, se define a sí mismo. Si el hombre, tal como lo concibe el existencialista, es indefinible, es porque en un principio no es nada. Sólo después será algo, y él mismo habrá hecho lo que será... No hay naturaleza humana, ya que no hay Dios para concebirla. El hombre no sólo es lo

---

[33] Greg L. Bahnsen, *Presuppositional Apologetics: Stated and Defended* (Powder Springs, GA: American Vision, 2008), 103–104.

que se concibe a sí mismo, sino también lo que él mismo quiere ser después de este impulso hacia la existencia. El hombre no es otra cosa que lo que hace de sí mismo. Tal es el primer principio del existencialismo".[34]

Hedonismo: La búsqueda del placer; autocomplacencia sensual.

Idealismo: Dice que la idea de algo está fuera de este mundo, la idea de humanidad está fuera de este mundo, la idea del amor está fuera de este mundo, en este mundo, todo lo que tenemos en el mejor de los casos son aproximaciones.

marxismo: es algo diferente del conductismo en que no se enfoca tanto en la psicología humana y lo que hace que los individuos hagan lo que hacen, sino más bien en ciertas fuerzas históricas, en particular, las fuerzas económicas y los medios de producción utilizados en una sociedad particular. — que determinan el resultado de esa sociedad en su conjunto.

Materialismo atomista: Dice que hay un número infinito de fragmentos de realidad, pero todos están hechos de materia. La realidad está hecha de material físico, y ese material físico se descompone en fragmentos de materia cada vez más pequeños. Esa es la visión que más se acerca a la perspectiva común de nuestra cultura actual. Es la visión que prevalece en las ciencias de la universidad, y es lo que la mayoría de la gente da por sentado hasta que comienza a presionarlos sobre las implicaciones de su cosmovisión.

Nirvana: Un estado trascendente de dicha donde no hay sufrimiento, deseo o sentido del yo. La persona se libera de los efectos del karma y del ciclo de muerte y renaci-

---

[34] Jean-Paul Sartre, "Existentialism and Humanism," *Existentialism from Dostoyevsky to Sartre*, ed. Walter Kaufman (New York: Meridian Publishing Co., 1989), 340.

miento.

Pragmatismo o escepticismo: el pragmático o el escéptico es el filósofo que observa a todas estas otras escuelas de pensamiento discutir y dice: "¿A quién le importa?"

Monismo espiritual: Dice que la realidad se compone de un solo tipo de cosas (por eso se llama "monismo", Uno-ismo). Todo es uno, y el único tipo de cosa que compone todo es de carácter espiritual, no físico, no material.

Estoicismo: Los estoicos creían que hay un tipo de realidad física y una realidad mental o espiritual. El estoico, sin embargo, tendía a ser moralista. Decían que en este mundo no puede evitar las circunstancias de su vida, pero en lugar de luchar contra las circunstancias, debe dejarse llevar. Lo que sea que le esté sucediendo en este mundo, debe aceptarlo y ser firme al respecto, tener compostura y continuar con su vida. Mientras luche contra el flujo de la vida y lo que le espera en este mundo, será infeliz y vivirá frustrado.

PREGUNTAS PARA DISCUSIÓN

1. ¿Cómo es el hinduismo un buen ejemplo de monismo espiritual?

2. ¿Qué es el dualismo? Defina las dos subdivisiones básicas del dualismo.

3. ¿Qué buen efecto creía el emperador romano Marco Aurelio que la enseñanza del estoicismo tenía en sus soldados?

4. ¿Qué cosmovisión se acerca más a la de nuestra cultura actual?

5. ¿Qué es el determinismo? ¿Por qué la idea de "causas antecedentes" es tan importante para esta cosmovisión?

6. "El marxismo es una forma más agregada de determinismo". Explique

7. A menudo se habla de John Dewey como un buen ejemplo de pragmatismo. ¿Qué creía acerca de la naturaleza de la realidad?

8. Para refutar la cosmovisión del incrédulo, ¿qué dos cosas en su filosofía debe tener cuidado de identificar? ¿Por qué?

CAPÍTULO 8
UNA CRÍTICA DEL ATEÍSMO

En el capítulo anterior, examinamos los diversos tipos de visiones del mundo que están disponibles. Le dije que cuando haga una crítica interna de estas cosmovisiones, se enfoque en buscar arbitrariedad e inconsistencia. Ahora pasemos a una crítica interna del ateísmo materialista. A medida que examinemos los problemas que tiene el ateo en su cosmovisión, verá que, desde un punto de vista filosófico, el ateísmo no tiene credibilidad alguna.

Algunas personas quieren saber cómo podemos defender la Biblia como la Palabra de Dios o el cristianismo como una cosmovisión. El Dr. Cornelius Van Til (1895–1987) solía expresarlo de esta manera: Nuestra apologética es que, a menos que el cristianismo sea verdadero, no se puede probar nada en absoluto. Para decirlo de una manera sofisticada, la cosmovisión cristiana es la condición previa trascendental de la inteligibilidad. Es la **precondición** -que debe ser el caso y qué debe suponerse es el caso— para que cualquier cosa en la experiencia humana sea inteligible.

El materialista ateo dirá: "El cristianismo no es verdadero. No hay Dios. No hay alma. No hay vida después de la muerte. Sólo hay esta vida. Solo hay materia. Eso es todo lo que hay. No hay realidad espiritual; solo existe el cosmos físico". Si ese fuera el caso, no podría saber que es el caso y no podría probar nada en absoluto.

> *Nuestra apologética es que, a menos que el cristianismo sea verdadero, no se puede probar nada en absoluto.*

EL PROBLEMA DE LA INDUCCIÓN

Consideremos el problema de la inducción. El problema de la inducción también podría llamarse el problema de la causalidad o la uniformidad de la naturaleza. Toda la ciencia, biología, física, psicología, matemáticas o lo que sea, se basa en la inferencia inductiva. **La inferencia inductiva** toma algo que hemos experimentado en el pasado y lo proyecta hacia el futuro.

Aquí hay un ejemplo. se levanta en medio de la noche y camina en la oscuridad y se golpea el dedo del pie. Sale a la noche siguiente y tiene cuidado de no volver a golpearse el dedo del pie. Esa es una inferencia inductiva: si me dolió golpearme el dedo del pie anoche, golpearme el dedo del pie esta noche de una manera similar también me dolerá, porque las cosas eran en el pasado en términos de relaciones causales: la forma en que me golpeé el dedo del pie con el borde de la cama provocó dolor, igualmente será así en el futuro.

¿Puede ver por qué toda la ciencia depende de la inducción? Lo que aprendemos sobre el pasado debe ser proyectable hacia el futuro. Toda ciencia descansa sobre la uniformidad de la naturaleza. Si no hubiera uniformidad en el mundo natural, todos sus experimentos científicos serían una pérdida de tiempo. Podría aprender todo lo que quisiera sobre interacciones químicas el martes, pero el miércoles esa información sería inútil para usted. Entonces, en un sentido amplio, la inducción es la visión de que el futuro será como el pasado, que las relaciones futuras entre eventos se parecerán a las relaciones pasadas entre eventos.

Aquí otro ejemplo. Supongamos que estoy sosteniendo un marcador en mi mano y luego lo suelto. En esa sala, en las condiciones barométricas actuales, ¿qué pasará con el marcador? Nunca ha visto este experimento antes. No intente generalizar a partir de manzanas que se hayan caído al suelo o cubiertos que haya tirado de la mesa. No intente generalizar en absoluto. No confíe en el conocimiento pasado. ¿Qué pasará cuando suelte el marcador? Si es un buen filósofo, estaría diciendo: "No tenemos forma de saberlo. Si no podemos confiar en ninguna experiencia pasada y esta es la primera vez que nos encontramos con algo así, ¿quién puede saber qué sucederá?

Ahora imagine que dejó caer el marcador y cae al suelo. Esperamos veinte segundos y recojo el marcador y lo suelto de nuevo. Hace veinte segundos, el marcador cayó cuando lo solté. Pero ahora estamos bajo las mismas condiciones atmosféricas, gravitatorias y barométricas. ¿Qué pasará esta vez cuando lo suelte? no lo sabe, y la razón por la que no lo sabe es que no tiene una base para la inferencia inductiva. No sabe que el futuro, o lo que ahora se ha convertido en el presente, será como el pasado. *Eso* fue hace veinte segundos. Sí, las condiciones son las mismas. Pero no puede asumir que bajo las mismas condiciones, el mismo evento conducirá al mismo resultado. No se puede suponer la uniformidad de la naturaleza. Nadie sabe qué va a pasar con este marcador cuando lo suelte, a menos que el pasado sea una clave para el futuro.

Ahora pretenda, por el bien del argumento, que usted es un ateo materialista. Yo soy un cristiano, y digo que la razón por la que voy al laboratorio de ciencias hoy es para continuar con mis investigaciones porque sé que hay un Dios soberano y personal que hizo el universo, lo gobierna, lo controla y lo ha regulado para que pueda aprender al respecto. Porque así es, puedo hacer proyecciones y tener dominio sobre el orden creado, para usar el lenguaje teológico. Soy capaz de gobernar reacciones químicas y hacer plantas industriales y construir cohetes para ir a la luna porque la información que he aprendido en el pasado puede proyectarse en el futuro. Como cristiano, no tengo ningún problema con eso. Pero lo que quiero saber es porqué usted *irá* hoy al laboratorio de ciencias.

El ateo dice que vivimos en un universo aleatorio, por lo que no tiene derecho a confiar en la inferencia inductiva. No tiene motivos para esperar causalidad o la uniformidad de la naturaleza. No tiene base para creer en la uniformidad de la naturaleza, pero tampoco tiene base para hacer ciencia, biología, astronomía, química, física e incluso historia y gramática, todo se ha ido. El estudio de todas estas materias académicas requiere inferencia inductiva.

Esta es la forma más común en que una persona tratará de recuperarse de este desafío que implica el problema de la inducción. A menudo dirá algo como esto: "Muy probablemente el futuro será como el pasado. No puedo asegurarle que el marcador caerá la segunda vez, pero es muy probable que lo haga. La razón por la que muy probablemente lo hará es porque siempre lo ha hecho en el pasado".

¿Nota el truco que hizo allí? La persona que dice que es muy probable que el futuro sea como el pasado ha *meti-*

do de contrabando en el argumento precisamente lo que se supone que debe probar. Cuando dice que el futuro probablemente será como el pasado, ¿en qué se basa? Información pasada. En el pasado, el futuro siempre se ha parecido al pasado. Es un argumento circular.

> *Todos los argumentos de probabilidad se basan en el supuesto de uniformidad. Si no asume que el futuro será como el pasado, todas las probabilidades basadas en el pasado son solo información desperdiciada.*

Todos los argumentos de probabilidad se basan en el supuesto de uniformidad. Si no asume que el futuro será como el pasado, todas las probabilidades basadas en el pasado son solo información desperdiciada. Si vivimos en un universo aleatorio, todas las apuestas están canceladas. Si alguien le dice: "Probablemente el futuro será como el pasado", usted responderá: "Está mendigando la pregunta" Esta es la pregunta absoluta: ¿Cómo sabe que el futuro será como el pasado? A menos que haya uniformidad en el mundo, ni siquiera puede hacer un buen argumento de probabilidad. La uniformidad es precisamente lo que estamos debatiendo en este momento, por lo que no puede importarlo como una suposición para respaldar su creencia en la uniformidad".

¿Qué tenemos aquí? Tenemos dos cosmovisiones en conflicto. Una cosmovisión -el ateísmo- le ridiculiza por su supuesta fe en Jesús, en la escuela dominical, creer en la Biblia y todo eso. Pero con esa simple comprensión del mundo -que Dios hizo el mundo, que le hizo a usted, que envió a Su Hijo a morir por sus pecados- puede hacer algunas cosas maravillosas y poderosas. Toda la historia de la ciencia se basa en esa suposición, que Dios controla el universo de manera regular y nos da la capacidad mental para tener un dominio ético sobre el mundo. Sobre esa base, puede construir fábricas, enviar cohetes a la luna, construir puentes, curar la polio y hacer todo tipo de cosas. No es que la Biblia le dé una cura para la polio, pero dada la cosmovisión bíblica, puede salir y aprender sobre el mundo, usar la inferencia inductiva y algún día curar varias formas de cáncer. Pero dada la cosmovisión atea, ni siquiera puede ir al laboratorio el primer día. No tiene sentido.

Tal vez esté pensando: "Pero los ateos hacen ciencia". De hecho, muchos ateos han logrado más que los cristianos en la ciencia. Pero solo demuestra que los ateos no son muy buenos ateos. Dicen una cosa con la boca, pero creen otra cosa en el corazón, dicen que no hay Dios y que solo hay un universo aleatorio, pero en el fondo de su corazón creen en la regularidad. Si han realizado un procedimiento de manera segura en el pasado y lo vuelven a hacer hoy o mañana, no les preocupa que pueda resultar repentinamente en una explosión. Pero dada su visión del universo, deberían estar preocupados. No tienen forma de saber lo que va a pasar en el futuro.

> *El problema de la inferencia inductiva socava el ateísmo materialista porque hace imposible la ciencia*

El problema de la inferencia inductiva socava el ateísmo materialista porque hace imposible la ciencia. Si yo fuera un ateo materialista y mantuviera ese punto de vista consistentemente, no me preocuparía *golpear mi* dedo del pie esta noche. Por lo que sé, podría ser la mejor emoción de mi vida en lugar de ser doloroso como lo fue la noche anterior.

EL PROBLEMA DE LA DEDUCCIÓN

Ahora pensemos en el problema de la **deducción**. La inferencia deductiva se basa en las leyes de la lógica. Cuando deducimos conclusiones, tomamos las leyes de la lógica y las verdades que conocemos, y hacemos operaciones sobre estas verdades de acuerdo con las leyes de la lógica y sacamos otras conclusiones.

> *La inferencia deductiva se basa en las leyes de la lógica. Cuando deducimos conclusiones, tomamos las leyes de la lógica y las verdades que conocemos, y hacemos operaciones sobre estas verdades de acuerdo con las leyes de la lógica y sacamos otras conclusiones.*

Aquí hay un ejemplo. ¿Y si dijera que todos los hombres son mortales y que Gary es un hombre? ¿Qué deduciría de estas dos verdades? Concluiría que Gary es mortal. ¿Es esa una deducción legítima? Sí, lo es. La lógica permite ese tipo de conexión entre lo que llamamos "clases", la clase de los hombres, la clase de los mortales y la clase individual de Gary. La relación es así: todo P es Q, todo D es P y, por lo tanto, todo D es Q. Es una ley de la lógica, **inferencia categórica**.

Ahora bien, si no tuviéramos leyes de la lógica, si nos basamos únicamente en experiencias únicas aisladas unas de otras, nunca seríamos capaces de avanzar en nuestro conocimiento. Nunca seríamos capaces de relacionar clases o proposiciones entre sí. Sólo podíamos conocer experiencias momentáneas. Pero debido a que las leyes de la lógica son válidas, podemos aprender mucho sobre cosas que no hemos experimentado. Sí sé que todos los hombres son mortales y sé que Gary es un hombre, entonces no tengo que esperar hasta que Gary muera. Puedo decirle ahora que él es mortal. Se sigue de la premisa. Tal vez esté pensando: "Sí, pero ¿y si *no* muere?". Bueno, entonces, si no muere, la proposición de que todos los hombres son mortales no es cierta. Pero si yo sé que todos los hombres son mortales—y Dios nos ha dicho que eso es cierto—y sabemos que alguien es un hombre, entonces también sabemos que esa persona morirá. Esa persona es mortal. Eso es seguir una ley de la lógica y se conoce como **inferencia deductiva**.

Otra inferencia deductiva es así: si P, entonces Q. La siguiente premisa es P. La conclusión es Q. Cada argumento en esa forma, sin excepción, es un argumento válido. Si las premisas son verdaderas, si "Si P, entonces Q" es verdadera y si P es verdadera, entonces Q también debe ser verdadera. Este es un razonamiento deductivo estándar.

Para deducir, debe poder identificar las clases y las leyes del pensamiento o, si quiere decirlo de esta manera, las relaciones entre las clases y las leyes de la lógica. No puede hacer deducciones sin esa habilidad, y sin lógica no puede hacer ningún trabajo académico ni entender nada.

Ahora está hablando con un ateo materialista que dice que toda la realidad es de naturaleza física. Pero si toda la realidad es de naturaleza física, ¿dónde está la clase o cuál es la categoría de la humanidad? ¿Es eso algo físico? No estoy preguntando si los humanos son físicos. Sí somos. Pero ¿el *concepto* o *clase* conocido como humanidad es físico? No, no lo es. ¿Y qué hay de la clase de las cosas mortales? ¿Esa clase es física? No.

Cuando el incrédulo quiere hacer un razonamiento, digamos un razonamiento matemático, dice: "Conocemos ciertas relaciones, como 2 + 3 = 5". Pero aquí hay una pregunta filosófica: ¿Este caracter en la página en sí es *dos*? Si es así, entonces podríamos simplemente borrarlo y no habría más *dos* en el universo. Pero claro, no es *dos*; ese era solo el numeral "2", que es una representación o una instauración (o instancia) del concepto de dos.

O piénselo de esta manera: ¿Puede ir al refrigerador y decir: "Voy a sacar un *dos* del refrigerador esta noche"? ¿Dos *qué*? Olvide eso, dos de nada. Sólo dos. "Voy a sacar *dos* del refrigerador". Por supuesto que no. El concepto de *dos* no es físico.

Así que aquí tiene al incrédulo que está hablando de un conjunto de cosas inmateriales y no físicas conocidas como seres humanos y un conjunto de cosas inmateriales y no físicas conocidas como mortales y una pareja inmaterial y no *física*. Y está usando las leyes de la lógica, que tampoco son físicas sino conceptuales.

He elaborado el punto para que entienda lo que va a pasar ahora. El último paso es que le diga al ateo: "Puesto que para usted todo lo que existe debe ser material o físico, entonces para usted no puede haber leyes de lógica o clases o conceptos. No puede haber números. No puede haber un concepto de humanidad. No puede haber ninguna clase de seres mortales. No puede haber leyes de la lógica. Y si no hay clases ni leyes de la lógica, no puede haber deducción."

EL PROBLEMA DE LA MENTE

Vimos que el ateo no puede usar la inferencia inductiva. Pero tampoco puede usar la inferencia deductiva. Lo que quiere decir que no puede razonar en absoluto. Pero ahora, hablemos de otro problema, el **problema de la mente**. Recuerde, estamos tratando con un ateo materialista. ¿Cree que tengo una mente o que él tiene una mente? ¿Puede él, si es consecuente, sostener que tiene una mente?

Las personas a menudo intercambian las palabras *mente* y *cerebro*, pero hay una diferencia. Tiene sentido decir que mi cerebro está a cinco pies y diez pulgadas del suelo, pero no tiene sentido decir que mi mente lo está. Hay una diferencia entre la mente y el objeto físico, la materia gris, el cerebro.

¿Lo que piensa en su mente se reduce a lo que ocurre en su cerebro? No estoy preguntando si hay alguna relación en absoluto. Estoy preguntando si se puede reducir a lo que sucede en su cerebro.

¿Es incluso teóricamente posible que un científico abra mi cráneo y realice un procedimiento complicado en la materia gris que hay allí y diga: «Usted estaba pensando en The Star-Spangled Banner hace un momento, ¿no?" No, no lo es, porque estamos hablando de dos cosas de un orden completamente diferente. Los electrones, las moléculas, las sinapsis y todo eso en el cerebro no tienen nada que ver con el concepto que se transmite a través de esas sinapsis, arcos y demás. No se puede saber lo que una persona está pensando diseccionando su cerebro. Hay una diferencia entre la *mente* y *el cerebro*.

> *No se puede saber lo que una persona está pensando diseccionando su cerebro. Hay una diferencia entre la mente y el cerebro.*

Pero el ateo tiene que decir que la mente se reduce al cerebro. El cerebro es la mente. No tiene ningún proceso *de pensamiento* sea parte de su libre investigación y elección. Solo tiene lo que ocurre como una respuesta electroquímica en la materia gris de su cerebro. Esa es la implicación de su materialismo. Pero si eso es cierto, entonces no tiene ningún control sobre lo que piensas.

De hecho, algunos ateos dirían: "Sí, así es. usted no es lo que cree que es, sólo es el resultado de causas físicas precedentes. Puede correr con eso, conceda que expongan su cosmovisión y diga: "Está bien, ¿a dónde nos lleva eso?" Si eso es cierto, entonces no hay mente y todo lo que pienso se reduce a respuestas electroquímicas en el cerebro. Y luego lo que pienso, no elegí pensarlo. No pude probar que lo que estoy pensando es cierto, porque no puedo evitar que las respuestas electroquímicas tengan lugar en mi cerebro.

En otras palabras, le dice al ateo: "Si lo que dices es verdad, entonces no tiene razón para creer que es verdad. Su cosmovisión socava cualquier confianza que pueda tener en su propia cosmovisión, porque en su cosmovisión todo lo que dices sobre el ateísmo es sólo el resultado de respuestas electroquímicas en tu cerebro".

"En lo que nos respecta, la maquinaria de arriba en su cabeza se volvió loca. No le haremos responsable. No pudo evitarlo. De hecho, nadie puede evitar lo que piensa, lo que dice y lo que hace, porque no hay mente y no hay libertad al respecto. No es como si mirara todas las opciones y viera lo que consideraba cierta y la eligiera. Su cerebro simplemente generó las cosas que hizo y envió el estímulo a su lengua y le hizo decir las palabras que dijo". Lo que quiero decir es que si el ateísmo es verdadero, no podría haber ninguna razón para creer que el ateísmo es verdadero, porque si el ateísmo es verdadero, entonces no tengo mente. Mi cerebro simplemente hace lo que hace, y su cerebro hace lo que hace.

De hecho, aquí hay una gran respuesta a un ateo que dice: "No hay mente; es solo cerebro". Usted responde: "No le sirve de nada tratar de convencerme, porque mi cerebro dice lo que dice y su cerebro dice lo *que* dice, no hay argumento. Si tiene razón, señor ateo, entonces ni siquiera necesitamos debatir esto más, porque no hay leyes de la lógica, no hay leyes de la ciencia, y ni siquiera tenemos mentes para debatir."

Por eso, en mi debate con el ateo Gordon Stein, le dije: "En su cosmovisión, no puede haber leyes de la lógica. En consecuencia, el hecho de que usted haya venido a este debate prueba mi posición y refuta la suya. Vino a debatir conmigo, y eso significa que asume que existen leyes de la lógica, lo que significa que asume que existe una realidad inmaterial, y eso es contrario a su ateísmo".

EL PROBLEMA DE LOS ABSOLUTOS MORALES

Pero todavía hay otro problema: el problema de los absolutos morales. Podríamos hablar de cuestiones sencillas de moralidad, por qué alguien debería ser decente con otra persona o por qué no deberíamos robar, violar o asesinar, y todo ese tipo de cosas. Pero una forma de ver este punto es el ejemplo que usé en mi debate con el Dr. Stein. Supongamos que sacara un arma y dijera: "Así es cómo resolvemos las cuestiones del debate. Deme un argumento de por qué no debería dispararle. Tiene dos formas de responder. Una es no dar ningún argumento, sino decir: "No hay absolutos morales". Y si no hay absolutos morales, entonces está perfectamente bien ganar un debate disparando a su oponente. Pero si él piensa que está mal tratar de ganar un debate de esa manera, si *quiere* decir que el asesinato es inmoral, entonces tendrá que decirme que hay más en este universo que solo materia, ¿no es así?

El tendrá que apelar a algo más allá del cosmos material. En última instancia, tendría que apelar al Dios personal de la creación, pero para nuestro argumento aquí, tiene que ir a algún lugar más allá del mundo físico para obtener un absoluto moral mediante el cual condenarme por tratar de dispararle para ganar el debate. Cada ateo con el que habla está en los límites de ese dilema.

De manera similar, cuando tuve un diálogo con George Smith, otro ateo muy conocido, en el Show de Jon Stewart, el Sr. Smith quería señalar que debemos vivir por la razón, no por la fe. Ya hemos hablado sobre el hecho de que si no se tiene fe en un Dios Creador, no hay lugar para la razón. Pero respondí diciendo: "Estoy de acuerdo con usted. Creo que se supone que debemos seguir la razón, lo sé por qué, como cristiano, le digo a la gente que sea razonable. Pero no sé por qué lo hace usted. ¿Cómo puede usted, como ateo, decirle a la gente que *deben* (fíjense en esa palabra), ser razonables? En un universo ateo, la gente debería poder hacer lo que quiera".

> *¿Cómo puede un ateo decirle a la gente que deben ser razonables en un universo ateo solo de materia? ¿Por qué la gente no debería poder hacer lo que quiera?*

El ateo no puede dar una base para los absolutos morales. Esa no es solo una forma de mostrar que los ateos deben permitir la perversión sexual, el aborto, el asesinato y todo lo demás. También es una forma de mostrar que el ateo ni siquiera puede hacer trabajo académico.

De hecho, podemos encontrar en los entornos universitarios la falsificación de informes de laboratorio con el fin de conseguir financiación para hacer un trabajo. La gente está motivada por el dinero o por la fama para falsificar informes con el fin de hacerse pasar por ser los primeros en haber descubierto alguna nueva teoría científica. Es vergonzoso, porque toda la investigación y el trabajo de laboratorio realizado en las ciencias duras asume la honestidad del investigador. Asume que va a hacer un informe preciso de lo que averiguo de las ratas blancas con las que ha estado trabajando.

Si empieza a cambiar las estadísticas para que parezca que su hipótesis es realmente cierta, ¿quién vendrá y hará meses y meses de investigación para descubrir que estaba mintiendo? ¿Dónde están los frenos y contrapesos en un mundo donde los valores morales absolutos no pueden explicarse, en un cosmos de solo materia dados los presupuestos de la cosmovisión atea? Si fuera ateo, debería decir: "¿Y qué? Son trazos diferentes para gente diferente. Así es como obtengo mi dinero. Así es como consigo mi fama. Esto es lo que me hace feliz". Pero la vergüenza de la universidad, la vergüenza del profesor, la vergüenza de un amigo, por el hecho de que los científicos a veces mienten demuestra que creen que hay *absolutos* morales.[35] Esos absolutos morales deben ser asumidos en cada departamento. Vayamos al departamento de inglés. Supongamos que tiene un maestro de inglés que ha estado promoviendo la relatividad moral en la literatura que le da, en las discusiones y conferencias de la clase. Él quiere que absorba lo que está enseñando y que se de cuenta de que no hay absolutos morales. Pero llega el día del examen final. Yo haría trampa, sólo para hacer de abogado del diablo. Lo haría obvio. No me limitaría a mirar el papel de alguien. Caminaría justo allí y diría: "¿Cuál es la respuesta a la número 12?" ¿Qué cree que haría su profesor? El diario: "Greg, se supone que debe hacer su propio trabajo. Voy a tener que descalificar este examen, va a reprobar la clase. Pero yo diría: "Hipócrita. Nos enseñó todo el semestre que no hay absolutos morales. ¿Quién es usted para condenarme? Son diferentes perspectivas para diferentes personas. He decidido pasar esta clase usando su trabajo. ¿Quién es usted para decirme que no puedo hacer eso?

LOS ATEOS NO PUEDEN VIVIR DE MANERA CONSISTENTE ACORDE A SU COSMOVISIÓN

Estaba en la universidad, durante los últimos días de la contracultura, las protestas de la Guerra de Vietnam, la

---

[35] Uno de los ejemplos más recientes de fraude es la empresa de biotecnología Theranos, una corporación privada de tecnología sanitaria que "inicialmente se promocionó como una empresa de tecnología innovadora, pero posteriormente" se hizo tristemente célebre por sus falsas afirmaciones de haber ideado análisis de sangre que sólo necesitaban cantidades muy pequeñas de sangre. falsas afirmaciones de haber ideado análisis de sangre que sólo necesitaban cantidades muy pequeñas de sangre. El 14 de marzo de 2018, Elizabeth Holmes y el expresidente de la empresa Ramesh 'Sunny' Balwani fueron acusados de 'fraude masivo por la SEC". Existen numerosos ejemplos de incidentes de mala conducta científica: http://bit.ly/2ukKVlK

revolución sexual, a finales de los años sesenta. Iba a los campus seculares y trataba de testificar y hablar con la gente sobre la fe cristiana. Me encontraba con esta combinación de ideas repetidamente y me quedaba boquiabierto. Hablaba con un no creyente, digamos un hombre que vivía con su novia, y le decía cómo Dios condena eso y cómo se debe lidiar con esa culpa y cómo Jesucristo es el Salvador, etc. Una forma de quitarme de encima era que él respondía: "Diferentes preferencias para diferentes personas, relativismo moral, me hace feliz, no hay absolutos, no puede aplicar eso a mí.

Pero luego, en la misma conversación, esa persona decía: "Estados Unidos es injusto al estar en Vietnam. Necesitamos protestar, quemar bancos y hacer cosas para sacarlos de Vietnam".

Pero ¿cómo se unen esas dos cosas? Es "diferentes preferencias para diferentes personas" cuando se trata de su comportamiento sexual, pero no es "diferentes preferencias para diferentes personas" cuando se trata de moralidad militar. Pero no puede tenerlo en ambos sentidos. Recuerde la ilustración que usamos en el primer capítulo. El incrédulo abordó un avión para Boston y quiere bajar en Chicago, pero usted va a decir: "Nadie bajará de este avión, ha determinado el destino de su cosmovisión y todo lo que conlleva; no puede desembarcar solo porque no puede dar cuenta de la inteligibilidad, la consistencia y la moralidad porque su visión del mundo es defectuosa en su base".

El ateo materialista ya no puede hacer ciencia, no puede usar la lógica, no puede presumir que su mente o su cerebro son dignos de confianza, no puede argumentar que debemos ser honestos en nuestros informes de laboratorio y cuando hacemos nuestros exámenes finales.

Entonces, ¿qué sucede cuando usted señala estos problemas, cuando destruye la cosmovisión de alguien y demuestra que ni siquiera puede razonar sobre esa base? ¿Suelen decir que lo entienden y declaran que necesitan convertirse en cristianos? ¿Dicen ellos, "Soy culpable ante Dios. He estado luchando contra todo esto"?

A veces ocurre. A veces, las personas han estado tan preparadas por otras tragedias o experiencias en sus vidas que saben que hay algo terriblemente mal, y esto es lo que finalmente les indica, y dicen: "¿Cuál crees que es la respuesta?" Algunas veces, termina bien. Pero no por lo general. Es importante que entienda eso. Aprender esta técnica para destruir la cosmovisión del incrédulo *no* debe llevarlo a pensar que va a comenzar a ver conversiones. Por lo general, no va a suceder de esa manera. Espero que, por la gracia de Dios, vea a la gente cambiar. Pero no va a suceder solo porque haya destruido su cosmovisión internamente. Lo siguiente que verá, y esto es lo que retomaremos en el próximo capítulo, es que el incrédulo dirá: "Eso no puede ser verdad. Entiendo por qué dice, teóricamente, que no puedo hacer ciencia. Pero yo hago ciencia, y todos mis amigos incrédulos hacen ciencia, hacen elecciones, ellos creen en la moralidad, lo que dice se ve bien en el papel, pero simplemente no es cierto". El próximo paso en su apologética—y aquí es donde usted va a empujar donde duele—es hacia una convicción de pecado, mostrándole al incrédulo que sí hace ciencia, que usa la lógica, que cree en absolutos morales y eso prueba que él sí sabe Dios en lo más profundo de su corazón. Lo que ha estado diciendo con su boca no refleja lo que cree en su corazón. Como dice Pablo en Romanos 1, él conoce la verdad pero la ha estado reprimiendo en injusticia.

Esto significa que debemos hablar de autoengaño. El incrédulo está atrapado en la condición de autoengaño. Se ha convencido a sí mismo de que no hay Dios, que no cree en Dios, cuando en realidad lo cree, y se niega a dar gracias y honrar a Dios por lo que es. Pero una cosa es destruir su visión del mundo; otra cosa es convencerlo de que está desnudo ante Dios, que está muerto espiritualmente a causa del pecado y necesitado de un Salvador.

GLOSARIO

Inferencia categórica: Una persona emite un juicio sobre si algo es o podría ser miembro de una determinada categoría.

Inferencia deductiva: Se basa en las leyes de la lógica. Cuando deducimos conclusiones, tomamos las leyes de la lógica y las verdades que conocemos, y hacemos operaciones sobre estas verdades de acuerdo con las leyes de la lógica y sacamos otras conclusiones.

Inferencia inductiva: toma algo que hemos experimentado en el pasado y lo proyecta hacia el futuro.

PREGUNTAS PARA LA DISCUSIÓN

1. ¿Cómo el problema de la inferencia inductiva socava el ateísmo materialista y hace que la ciencia sea imposible?

2. ¿Cuál es la diferencia entre *mente* y *cerebro*?

3. Los ateos no creen en absolutos morales. ¿Eso les impide hacer el trabajo académico? ¿Por qué o por qué no?

4. Aprender a socavar la cosmovisión del incrédulo conducirá a su conversión. conversar

5. El incrédulo sabe en su corazón que hay un Dios. ¿Qué nos dice Romanos 1:18–22 acerca de por qué no acepta y reconoce eso?

CAPÍTULO 9
EL INCRÉDULO ES UN CREYENTE

En el capítulo anterior, comenzamos a analizar tres formas básicas en que las personas tratan de desarrollar una cosmovisión para contrarrestar el cristianismo. Nos enfocamos en el primero, el materialismo ateo. Vamos a pasar a tratar con el dualismo platónico y con varias cosmovisiones religiosas. Pero hay más que debemos decir acerca de cómo responder a la incredulidad.

Como decimos, el argumento a favor de la cosmovisión cristiana es que sin ella no se puede probar nada. Ahora, eso es fácil de decir. Alguien podría responder diciendo: "Pero ¿cómo sabe eso?" Y su respuesta es que sin la cosmovisión cristiana, no hay base para la inferencia científica basada en la causalidad. Sin la cosmovisión cristiana, no hay base para las clases o conceptos o las leyes de la lógica por las cuales razonamos deductivamente.

Sin la cosmovisión cristiana, el hombre no tiene una mente que le permita investigar las opciones y elegir la verdad basado en la evidencia. Sólo tiene un cerebro controlado por procesos electroquímicos, por lo que no puede evitar decir lo que hace. Es decir, si el materialista tiene razón, no tiene motivos para creer que tiene razón. Solo tiene un cerebro que lo obliga a decir y pensar lo que hace.

Finalmente, sin la cosmovisión cristiana, no podría haber absolutos morales, incluido el absoluto moral de que no debe hacer trampa en sus informes de laboratorio o estadísticas o que no debe sacar un arma y dispararle a su oponente para ganar una discusión. Esos comportamientos no pueden excluirse a menos que tenga una base para absolutos morales, y el ateo no tiene base para absolutos morales. Podría decir: "Si no nos respetamos unos a otros, si empezamos a dispararnos unos a otros, ¿piensa en lo infeliz que será la sociedad?". A lo que puede responder, si quiere argumentar el punto: "Sí, la sociedad será infeliz. ¿Y qué? ¿Por qué estoy obligado a trabajar por la felicidad de la sociedad?

Pero, como dije al final del capítulo anterior, cuando usa argumentos de este tipo con un ateo o materialista, no debe esperar que solo digan: "Mi cosmovisión ha sido destruida, tengo que convertirme en cristiano". A veces puede suceder así. Por lo general, no sucede.

Ahora, pensemos en las formas en que las personas tratan de evitar el dolor de las consecuencias lógicas de su cosmovisión. Estas personas (usando la ilustración del capítulo 1) han abordado el avión a Boston y piensan que no tienen que hacer todo el recorrido, quieren bajarse en Chicago. Ahora le voy a decir cómo proteger la puerta y decir: "No, sin salida, nadie se baja en este punto, quería estar en un avión llamado Autonomía Humana, siendo señor y ley para usted mismo; y va a llegar hasta el final, a menos que recurra a la única opción que hay: Jesucristo".

"ESA NO ES UNA PREGUNTA IMPORTANTE"

¿Cuáles son algunas de las estrategias que los incrédulos suelen usar? Si está hablando con un profesor, lo más probable es que la estrategia sea: «Esa no es una pregunta importante». Si está estudiando en un área como literatura, sociología o física, y comienza a lanzar estos problemas filosóficos a su profesor después de clase, lo más probable es que le diga: "Eso es demasiado filosófico para mí, eso no es importante.»

Al agitar la mano y decir que no es importante, ¿el tema deja de ser importante? No, no puede simplemente decir, "No me engañe. Responda la pregunta o admita que está equivocado". Pero sí tiene que aprender una técnica que le permita ser firme e insistir en un tema sin ser irrespetuoso.

Si él dice que no es importante, yo diría: "Pero ¿cómo podríamos hacer ciencia sin eso? Quizá tenga usted razón. Por favor, ayúdeme a ver esto". Él puede decir: "Bueno, podemos *hacer* ciencia sin responder esa pregunta, porque después de todo estamos haciendo ciencia y no puedo responder a su pregunta". Él pensará que eso es profundo. Él pensará que ha librado el asunto. "No necesitamos resolver estos problemas para hacer el trabajo en nuestro campo".

Antes de continuar, voy a complicar lo que le he estado enseñando al explicarle que este incrédulo con el que ha estado hablando: su profesor, su compañero de cuarto, su compañero de estudios, amigo, socio comercial, su vecino— es un creyente. El incrédulo es un creyente. Y debido a que el incrédulo es un creyente, tendrá un buen punto, en cierto sentido, cuando dice: "No tenemos que responder a esa pregunta porque podemos *hacer* ciencia o estudiar literatura o hacer sociología sin responder a su pregunta".

Hay tres conceptos que debemos entender antes de volver al incrédulo que es un creyente. Son creer, justificar una creencia y tener una creencia (o creencias) sobre la creencia.

> *Los tres conceptos son: Creer, justificar una creencia y tener una creencia (o creencias) sobre la creencia.*

LA DIFERENCIA ENTRE CREER Y SER CAPAZ DE JUSTIFICAR UNA CREENCIA

Hay una diferencia entre creer en algo y poder justificar esa creencia. Creo ciertas cosas sobre la salud del cuerpo humano. Pero si presiona mucho, encontrará que no tengo suficiente información para poder justificar todas las creencias que tengo. En muchos casos, simplemente recurro a: "Eso es lo que me dijo mi médico". Si no puedo justificar mi creencia, ¿significa que no es verdad? No, pero ciertamente no puedo ser muy persuasivo si no puedo ofrecer una justificación.

¿Qué sucede si digo: "Creo que afuera hace 96 grados"? ¿En qué se diferencia eso de decir: "Sé que hace 96 grados afuera"? ¿Cuál es la diferencia entre creer una proposición y conocer una proposición? La respuesta es que el conocimiento es una creencia verdadera. Puedo creer cosas que son falsas. Podría creer que estoy en

Bend, Oregón, y eso sería falso.

Pero ¿toda creencia verdadera es un caso de conocimiento? Podría creer que el número ganador de la lotería de esta noche será 6-8-0-9-3. Digamos que esperamos a averiguarlo y aparece el número de la lotería y: "Me gané la lotería. ¡Ese era el número!" ¿Podría decir: "Lo sabía"? No, este es un decir común en inglés, pero no es *un* análisis filosófico. ¿Lo sabía? No. ¿Lo creí? Lo creí lo suficiente como para comprar el boleto. ¿Era cierto? Si, creí que era cierto. ¿Pero lo sabía? No. ¿Qué me faltaba? Pruebas.

Carecía de justificación para mi creencia. Cuando sé algo, lo creo, es verdad, y tengo pruebas de ello, puedo probarlo o, si lo prefiere, justificarlo o dar cuenta de ello. En pocas palabras, *el conocimiento es una creencia verdadera justificada*. No sólo la creencia verdadera, sino *justificada*.

> *En pocas palabras, el conocimiento es una creencia verdadera justificada. No sólo la creencia verdadera, sino la creencia verdadera justificada.*

Ahora bien, ¿sobre qué tipo de cosas puedo tener creencias? ¿Puedo tener creencias sobre tías y tíos? ¿Sobre química? ¿Sobre pastelería? ¿Sobre política? ¿Sobre Dios? ¿Sobre deportes?

¿Puedo tener creencias sobre mí mismo? Esa es una de las áreas de creencia más importantes, la mayoría del trabajo que hacen los pastores al aconsejar a la gente se reduce a lo que ellos creen acerca de sí mismos. No me gusta eso de que "la autoestima es la respuesta a todos tus problemas", pero cuando habla con personas que no están actuando correctamente con sus hijos, cuando hay problemas maritales, cuando una persona está deprimida o lo que sea cual sea la situación, a menudo tiene que ver con lo que creen sobre sí mismos, a veces favorablemente y a veces no tan favorablemente. Es posible que conozca a personas que creen que son interesantes y usted diría que no hay mucha evidencia para justificar esa creencia.

La gente tiene creencias sobre muchas cosas. Tienen creencias sobre sí mismos. También tienen creencias sobre lo que creen. Imagine que alguien está haciendo una encuesta en la calle. Sale de un gran almacén y él se le acerca. "¿Cree que Fulano de tal debería ser el próximo presidente de los Estados Unidos?" Y en cierto sentido, lo que usted hace es preguntarse: "¿Qué hay en el archivador aquí arriba en mi mente?" Abre el cajón de Política y no encuentra ninguna creencia de que Fulano deba ser Presidente, así que le informas a la persona que hace la encuesta: "No, no lo creo".

Lo que hizo fue consultarle sobre lo que piensa que cree. Usted piensa: "No creo que deba ser el próximo presidente de los Estados Unidos", y luego informó su creencia, tal como entendió que era. En su mayor parte, no creemos que tengamos ningún problema para identificar nuestras creencias. De hecho, tendemos a pensar que somos infalibles en lo que creemos; no que nuestras creencias en sí sean infalibles, sino que somos infalibles en lo que creemos.

Pensamos: "No puedo cometer errores acerca de mí mismo". A menudo operamos con esa suposición. La mayoría de las personas se sentirían un poco molestas si sugiriera que no se conocen a sí mismas tan bien. Pero por otro lado, una vez que nos alejamos de la impresión inicial de que somos infalibles acerca de nosotros mismos, apuesto a que puede identificar muchas cosas que no está tan seguro de creer.

Digamos que trabajo en una oficina y el gerente de la oficina comienza a hablar una y otra vez sobre la igualdad racial, sobre cómo todas las razas son iguales y la discriminación es horrible, etc. Él le dice cómo hace todo lo posible para asegurarse de que las personas de diferentes orígenes étnicos y raciales sean promovidas. Si le pregunta: "¿Cree que las personas de todas las razas son iguales en dignidad?" Es casi seguro que diría: "Sí, lo creo". Y si usted dijera: "¿Está seguro de que cree eso?" Probablemente haría que se ofendiera y dijera: "¡Por supuesto! Conozco mis creencias mejor que nadie. Sí, creo en la igualdad racial".

Todo eso parece muy claro y simple. Pero ahora permítanme complicar la historia. Usted es un buen amigo del gerente de la oficina, por lo que después del trabajo salen a comer algo y a tomar unas copas juntos en un restaurante. Pasa mucho tiempo libre con el gerente, y también es un tiempo de relajo. Nota que cuando su amigo toma un par de cervezas, comienza a contar chistes, y no duda en contar chistes que involucran insultos raciales y comentarios degradantes que salen de su boca cuando ve a personas de otras razas entrar en el restaurante.

Ahora bien, ¿su amigo, el gerente de la oficina, cree en la igualdad racial? Lo primero que nos puede venir a la mente es decir: "¡Ese tipo es un hipócrita!". Da un buen espectáculo en el trabajo, pero luego, después del trabajo, en el bar, sus verdaderos sentimientos salen a la luz. Y esa es una posibilidad. Esa podría ser una explicación, pero no es la única explicación posible.

Aquí hay una historia paralela para ayudar a que sea más fácil de entender. Imagine que hay una madre soltera, cuyo marido ha muerto. Ella se quedó con un hijo, y toda su alegría, felicidad y autoestima en el mundo está ligada a ese niño pequeño. Ella vive su vida a través de Johnny. Pero Johnny, su angelito, es un demonio en la escuela. Se mete en problemas. Comenzó con bromas relativamente inocentes, pero ahora se ha intensificado. Está en tercer grado y está robando el dinero del almuerzo a los otros niños de la escuela. Cuando lo atrapan, la maestra llama a su madre para hablar sobre su angelito y ella dice: "Mi hijo no haría tal cosa".

Hagámoslo peor. Digamos que simplemente no recibirá los informes negativos sobre su hijo y, por supuesto, el niño empeorará. Ahora está en quinto grado y no solo golpea a los niños y les roba el dinero del almuerzo. Está poniendo hojas de afeitar en las manzanas que van a comer para el almuerzo. Ahora la escuela dice: "Lo hemos soportado, no vamos a aguantar más esto".

El director llama a la Sra. Jones para explicarle que Johnny está siendo expulsado de la escuela, y ella arma un alboroto como no lo creería, defendiendo a su hijo. ¡Ha sido incriminado! Llevan dos años con Johnny, desde que empezaron a contar esas mentiras sobre que robaba el dinero del almuerzo. Y siguen haciendo este tipo de cosas en un intento de exonerar a su hijo. La próxima vez que Johnny se meta en problemas, ella lo transfiere a otro colegio. Ella no soportará más esta persecución a su hijo. Pero hay una cosa más: por mucho que alabe a su pequeño Johnny por ser un ángel y lo defienda de toda esta persecución y falsa acusación, nunca dejará que su hijo se quede solo con su bolso.

¿La Sra. Jones cree en la inocencia de su hijo? Si dice "Sí", está equivocado. Si dice "No", está equivocado. Lo que tiene en un caso como este es una mujer que tiene dos creencias.

¿Cuál es la evidencia de que la Sra. Jones cree que Johnny es culpable? Ella protege su bolso de él. Ella no va a dejar que él se apodere de su dinero, por lo que debe creer que él es, en algún sentido, inmoral. ¿Admitió ella esa creencia? No en palabras, pero ciertamente en acciones, y como dice la expresión, las acciones hablan más que las palabras. A veces, las acciones son un muy buen indicador de lo que la gente cree, incluso cuando dicen que no creen en algo. Un ateo podría decir que no existe tal entidad como el bien o el mal (algunos dicen esto), pero él o ella ciertamente quiere ser tratado de una manera ética.

UNA CREENCIA SOBRE SUS CREENCIAS

La segunda cosa que la Sra. Jones cree es esto: Ella cree que no cree que Johnny sea culpable. Tiene una **creencia iterada**, es decir, una creencia sobre sus creencias. Estamos lidiando con un nivel más alto ahora, no solo con las creencias ordinarias sobre las relaciones raciales, los deportes, Johnny y todo lo demás. Ahora se mira a sí misma, en cierto sentido, abre el archivador, examina sus creencias. ¿Qué encuentra cuando mira sus creencias? Ella cree que no cree que Johnny sea malo.

¿Tiene ella buenas razones para creer que no cree eso? Claro, ella lo hace. Hay todo tipo de pruebas de que ella cree que Johnny es un ángel. Después de todo, ella lo defiende. lo cambiara de colegio, si es necesario, para proteger su integridad y su reputación.

Este tipo de cosas sucede con demasiada frecuencia, y no solo con los padres y sus hijos. Sucede con las personas que creen que creen en la integración racial y luego son atrapadas con sus acciones hablando más fuerte que sus palabras, y resulta que realmente no creen en eso.

Esta es una verdad general sobre la naturaleza humana. Aunque pensamos que somos infalibles en lo que creemos, no lo somos. En algunas situaciones psicológicamente de alto estrés o de alta intensidad, a menudo somos propensos a estar equivocados acerca de lo que creemos, porque nos han dicho que lo realmente progresista o políticamente correcto es creer en algo y, sin embargo, en el fondo de nuestro corazón, no creerlo. Pero ponemos el espectáculo exterior y queremos convencernos de que eso es lo que somos, aunque no lo seamos. Las personas pueden estar equivocadas acerca de lo que realmente creen.

Ahora volvamos a nuestro profesor ateo. Supongamos que es un profesor de química. Le ha estado haciendo preguntas y se frustra. No puede responder a sus preguntas sobre la moralidad y la posibilidad de hacer ciencia y demás, y dice: "Mire, no sé por qué la naturaleza es uniforme. Ni siquiera estoy seguro de poder justificar esa creencia. Pero no necesito hacerlo, porque *estamos haciendo ciencia*. Estamos haciendo química *y* no puedo responder a su pregunta, así que debe estar equivocado. No *tiene* que saber por qué la naturaleza es uniforme para hacer química".

Recuerde la distinción con la que comenzamos, la distinción entre creencias y justificaciones para ellas. Ahora bien, ¿actúo solo en base a las creencias que puedo justificar, o actúo en base a mis creencias? Imagine a un niño que salta de la cama cuando escucha un trueno y se mete debajo de la cama. Entra y le pregunta por qué hizo eso, y el niño le dice que hay cosas terribles en la oscuridad. ¿Puede el niño justificar esa creencia? No. Pero, ¿el niño dudó en actuar de acuerdo con esa creencia? No. Y la mayoría de la gente no lo hace.

La mayoría de la gente no dice: "Voy a esperar hasta que pueda estar absolutamente seguro de todo, y entonces empezaré a actuar". Actuamos sobre nuestras creencias, probadas y no probadas.

SE TRATA DE JUSTIFICAR UNA CREENCIA

Cuando le pregunta a su profesor de química ateo sobre el problema de la inducción científica y cómo puede justificarlo en una cosmovisión atea, y él dice: "No sé cómo justificarlo. Pero he estado actuando con la creencia de que la naturaleza es uniforme y, por lo tanto, no necesito justificarlo", ¿tiene sentido? No. De hecho, es una **pista falsa** que le distrae de lo que está haciendo. Está respondiendo una pregunta completamente diferente. No tiene *nada que* ver con lo que estamos hablando, y usted necesita aprender a decir eso, muy cortésmente, para llevar todo esto al grano: "Profesor, no dudé de que crea en la uniformidad de la naturaleza. Le pregunté cómo lo justifica. Cuando un incrédulo no puede justificar sus creencias, está siendo arbitrario. ¿Cuáles son los dos principales "pecados" intelectuales? Arbitrariedad e incoherencia.

> *Cuando un incrédulo no puede justificar sus creencias, está siendo arbitrario. ¿Cuáles son los dos principales "pecados" intelectuales? Arbitrariedad e incoherencia.*

Pero tenemos que ir más allá. Por importante que sea señalar esta arbitrariedad, es mucho más importante recalcar en el corazón del incrédulo; no solo que él cree algo que no puede justificar, sino que lo cree porque, como dice la Biblia, cree. en Dios.

Puedes decirle a su profesor, "Es obvio por sus acciones que cree en la uniformidad de la naturaleza. Es obvio por sus acciones que cree en la lógica, las clases, conceptos y en la lógica deductiva. Es obvio por sus acciones que cree que su mente no es solo tejido cerebral. Es obvio por sus acciones que cree en absolutos morales. ¿Cómo podemos dar cuenta de todas estas cosas que hace?"

La respuesta está en Romanos 1:18 y su declaración clara de que todos conocen a Dios: "Esto es lo que dice la Biblia acerca de por qué está actuando de esta manera: conoce la verdad y la reprime en injusticia". No estoy sugiriendo que siempre debe citar este versículo o incluso que necesariamente debe citar un versículo en este punto. Pero esto es lo que quiere presentarle a él o ella.

¿Cree que le va a gustar eso? Después de todo, lo que ha dicho sobre él lo pone en una mala posición. Pero no debería echarse atrás. De eso se trata la apologética, de mostrar el proceso de razonamiento de mala reputación de un incrédulo. ¿Deberían los predicadores dejar de decir cosas de mala reputación sobre las personas para que lleguen a confiar en el evangelio? ¿Confiarán las personas en el evangelio a menos que entiendan que tienen mala reputación? Por supuesto, no lo harán. Deben entender que están en rebelión contra Dios. Un hombre que se cree sano no busca un médico.

Su profesor es intelectualmente desprestigiado, él sabe cosas y actúa sobre las cosas que sabe, su mismo comportamiento muestra que él cree estas cosas y, sin embargo, no lo admitirá. Suprime lo que conoce injustamente. Y cuando le señala eso, tendrá que encontrar una justificación o tendrá que irse a casa y pensar detenida y diligentemente sobre lo que le dijo, y eso depende de Dios.

Su profesor puede haber ganado premios en química porque es muy inteligente. Pero el hecho de que tenga todos esos premios no le daría una respuesta a su pregunta, ¿verdad? El niño que vio al emperador sin ropa en el desfile probablemente no era muy querido por decir la verdad. El hecho de que a su profesor no le guste y lo que usted haya dicho lo haga sentir incómodo no debe cambiar lo que le diga. Y eso es cierto si es su compañero de cuarto o alguien más en la universidad en lugar de un profesor.

EL PROBLEMA DEL AUTOENGAÑO

No es sólo que los incrédulos sean intelectualmente estériles y no puedan proporcionar razones para creer en la lógica, la ciencia y *la* moralidad. Es que están engañados, autoengañados. Y el autoengaño es crucial para comprender la apologética cristiana.[36]

---

[36] Greg L. Bahnsen, "*The Crucial Concept of Self-Deception in Presuppositional Apologetics,*" Westminster Theological Journal, vol. 57 (1995), 1–31. Basado en la disertación doctoral del Dr. Bahnsen en 1978, Resolución condicional de la aparente paradoja del autoengaño (University of Southern California).

Cuando se trata de alguien que está engañado -y está engañado porque él mismo se está engañando- no debería pensar que si él pasa por los acertijos filosóficos, tendrá que admitir que está equivocado. Si estuviera tratando con una computadora, podría ser así de simple. Pero está tratando con una persona que está huyendo de Dios.

¿Qué tanto quieren algunas personas huir de Dios? Algunas personas renunciarán a su intelecto antes de admitir que se han rebelado contra Dios. Ese no es el tipo de cosa que normalmente usted verá. Después de todo, la mayoría de las personas no se sienten presionadas a ver que no pueden ser razonables sin una cosmovisión cristiana. Pero de vez en cuando, hay incrédulos que se enfrentan a las implicaciones de la incredulidad y finalmente dicen: "Está bien, eso es todo. Seré irracional."

Permítanme darles un ejemplo del campo de la crítica literaria, donde la escuela de pensamiento reinante alguna vez fue el **deconstruccionismo**. Uno de los grandes defensores del deconstruccionismo fue Jacques Derrida (1930-2004). Derrida dijo que cada lectura de un texto es una mala lectura del texto, porque es imposible volver a la intención original del autor. Por lo tanto, toda interpretación literaria es realmente usted trayendo sus propias ideas a un texto. No hay manera de llegar al fondo de lo que realmente significa un texto. Toda lectura es una mala lectura.

¿Por qué Derrida fue forzado a esa posición irracional en la crítica literaria? Porque Derrida pensó sobre la interpretación literaria y lo que implica el análisis más de lo que otra persona pudiera hacerlo, tuvo que enfrentarse al hecho de que, si él cree en la interpretación literaria, debe haber absolutos inmutables. Pero en su cosmovisión existencialista, no hay absolutos. No es solo que no haya absolutos morales; no puede haber absolutos inmutables ni en el lenguaje, ni en la naturaleza humana, ni en la crítica histórica.

> *En el deconstruccionismo, cada lectura de un texto es una mala lectura del texto, porque es imposible volver a la intención original del autor. Por lo tanto, toda interpretación literaria es realmente usted trayendo sus propias ideas a un texto.*

Si no puede estudiar el trasfondo histórico, si no puede estar seguro del significado de los términos, si no sabe que la naturaleza humana es absolutamente constante, entonces, ¿cómo puede estar seguro de quién es ese autor del que habla? Puede leer al autor de esta manera, y por lo tanto, toda lectura es una mala lectura.

La razón por la que mencionó el deconstruccionismo, por lo que puedo ver, los deconstruccionistas no llegaron a esta conclusión porque tenían buenos apologistas presuposicionales viviendo al lado de ellos y presionándolos. No estaban siendo presionados, pero, por supuesto, lo estaban en un sentido. A veces hablamos del "sabueso del cielo" presionando a la gente, es decir, Dios siguiendo "al alma que huye por su divina gracia".

No sé si esto podría conducir a su conversión final, pero no pueden enfrentarse al mundo de Dios, el *mundo del lenguaje* y el significado, etc, y ser coherentes. Al darse cuenta de que están siendo inconsistentes, dirán: "Está bien, entonces no tiene sentido". ¿Qué pasa con el lenguaje si no hay sentido y toda lectura es una mala lectura?

El lenguaje se convierte en una herramienta subjetiva y deja de ser lo que solemos llamar lenguaje.

RENUNCIAR A LA RACIONALIDAD PARA MANTENER UNA COSMOVISION INCONSISTENTE

Lo que quiero decir es que a veces las personas renunciarán a su racionalidad en lugar de rendirse al Señor Jesucristo y a la revelación de Dios que los rodea. Encontrará personas que, cuando les habla y laS presiona sobre su racionalidad, ciencia, absolutos morales, y no pueden dar una justificación, en lugar de recurrir a la única opción viable, dirán: "Está bien, tomaré el avión a Boston. Si lo que está diciendo es que mi incredulidad me lleva a la irracionalidad, entonces a la irracionalidad iré".

Hable algunas veces con un devoto Hare Krishna. El Hare Krishna me dice que mi problema es que estoy en esta rueda de la vida y sigo pensando en términos de distinciones. Tengo esta mentalidad occidental y eso me oprime. Necesito darme cuenta de que todo es uno y que no hay distinciones. Si no obtengo esa iluminación, nunca me bajaré de la rueda de la vida y para finalmente llegar al Nirvana.

"Cuénteme un poco sobre el Nirvana", digo. "Me gustaría ir allá". "Bueno, en el Nirvana (como en esa cita del Bhagavad Gita que le di) la gota de agua cae en el océano sin costa. Todo es uno. No hay distinciones en el Nirvana. Porque no hemos llegado al Nirvana, ahora estamos viviendo en el reino de *maya*, el reino de la ilusión, la ilusión de que usted es diferente a mí y que su billetera es diferente a la mía y que los árboles, los océanos y todo eso son seres separados. ¿No se da cuenta de que somos uno con la naturaleza y que la naturaleza es una con nosotros y que en realidad no hay distinciones en absoluto? En última instancia, tampoco hay distinción entre el bien y el mal".

Eso es lo que me dijo la persona en el aeropuerto mientras esperaba mi avión. Pero tenía una pregunta más, una cosa que no había resuelto. "Dijo que el problema conmigo es que no he llegado al Nirvana porque todavía creo en las distinciones entre los árboles, los océanos y todo eso". "Sí, así es. Ha estado escuchando bien.

"¿Entonces no estoy en Nirvana ahora? "No, no está en Nirvana ahora. Está en una forma triste, rumbo a ser un oso hormiguero o un pato cuando reencarne. "Según su visión del mundo, si le entiendo correctamente, en última instancia no hay distinciones. Pero entonces tampoco puede haber ninguna distinción entre donde estoy y el Nirvana, ¿verdad? Entonces, según su cosmovisión, no necesito meditar ni preocuparme por la rueda de la vida porque *ya estoy* en el Nirvana".

¿Cómo responde? ¿Dice: "Tengo que buscar una religión diferente"? A veces, por la gracia de Dios, pero a menudo una persona entrenada en la filosofía oriental dirá: «Ahí tiene su lógica occidental». Está atrapado en una contradicción, y su forma de escapar de la inconsistente narrativa de su cosmovisión es decir: "La lógica no es importante. Usted es un occidental, usar la lógica conmigo es como un truco, pero sé más que eso porque nos han enseñado que todo es uno y que la lógica es engañosa". Ese *es el* caso de una persona que termina diciendo: "Renunciaré a la racionalidad antes que admitir que estoy equivocado".

"Realmente tengo que llegar a mi avión", le digo al devoto

Hare Krishna. "Pero lo que está diciendo es que rechaza la lógica. ¿Está bien?"

"Sí", dice. "Rechazo la lógica. Eso es occidental. Tengo una mentalidad oriental".

Tengo dos respuestas para este tipo de pensamiento. Si tengo tiempo antes de que llegue el avión, le daré las dos. Aquí está una de ellas. "¿Rechaza la lógica? Bueno, entonces no lo hace. Medita en eso."

¿Sabe a lo que me refiero? Un hombre que dice: «Rechazo la lógica» no tiene derecho a exigir consistencia lógica. Si rechaza la lógica, no es que rechace la lógica. En el momento en que rechaza la lógica, ya no puede discutir conmigo nada más, significa que puedo decir lo que quiera. Puedo decir que si él rechaza la lógica, entonces no lo hace.

Eso no es solo una pequeña broma. Le estoy diciendo esto en serio. No puede escapar de las demandas de la lógica porque no puede escapar de vivir en el universo de Dios y ser un hijo de Dios, -algún día tendrá que responder ante Su Padre celestial.

Esa es una respuesta. La otra respuesta es más sociológica y muy simple. Cuando dice que rechaza la lógica, puedo decir: "Entonces, por favor, hable en el micrófono. Que todos lo sepan". Si no va a venir a Jesucristo como su verdadero Señor,[37] si no va a doblar la rodilla aquí, entonces quiero que de testimonio del Dios bondadoso y verdadero diciéndole al mundo que la única forma en que puede evitar convertirse en cristiano es rechazando la lógica.

---

[37] George Harrison, del grupo musical The Beatles, escribió "My Sweet Lord" (1970). Harrison no cantaba a Jesús como Señor sino al falso dios hindú Krishna como señor

GLOSARIO

Creencia iterada: Creencia sobre las creencias de una persona.

Deconstruccionismo: toda lectura de un texto es una mala lectura del texto, porque es imposible volver a la intención original del autor. Por lo tanto, toda interpretación literaria es realmente la persona que hace la lectura aportando sus propias ideas a un texto.

Pista falsa: una falacia informal que se usa para distraer al oponente al desviar "la atención del tema en cuestión, al señalar una línea de pensamiento no relacionada pero fuertemente convincente". El nombre descriptivo proviene de una historia popular sobre el uso de un pez de fuerte olor para desviar la atención de un perro de caza de perseguir a la presa equivocada.

PREGUNTAS PARA LA DISCUSIÓN

1. "El conocimiento es una creencia verdadera justificada". Conversar.

2. Explique cómo la apologética tiene que ver con revelar el proceso de razonamiento de mala reputación del incrédulo.

3. Jacques Derrida dice que toda interpretación literaria es cada lector aportando sus propias ideas a un texto. ¿Cómo llegó a esa conclusión irracional?

4. Quien rechaza la lógica no tiene derecho a exigir consistencia lógica. ¿Por qué?

5. Un profesor incrédulo le dice que cree en la uniformidad de la naturaleza aunque no pueda justificarlo, simplemente lo "acepta". Basado en Romanos 1:18-20, ¿cree en Dios aunque lo niegue? Conversar.

CAPÍTULO 10
CURSO RÁPIDO DE RELIGIONES COMPARADAS

En el capítulo anterior hablamos sobre el materialismo ateo. Pero esa no es la única opción que existe. En muchos casos, las herramientas que les he dado para lidiar con el materialismo ateo también serán útiles para hacer apologética con personas que tienen otras visiones del mundo. Pero para que esto sea de su máximo beneficio, dejaré de lado esos argumentos sobre la moralidad, la irracionalidad, etc. Continuaremos con la misma técnica pero con diferentes preguntas y diferentes problemas a medida que nos acerquemos a estas otras opciones de cosmovisión.

CREYENTES DE UN "REINO NO FÍSICO"

El ateo tiene una cosmovisión materialista. Pero ahora hablemos de cualquier tipo de filosofía que diga: "Creemos en la mente el y cuerpo". Esta visión del mundo cree que no solo existe un universo físico, sino también un reino de ideas, un reino mental o un reino espiritual de algún tipo, no espiritual en un sentido "religioso", sino en el sentido de ser no-físico. Nos ocuparemos de las religiones como nuestra tercera opción, pero aquí estamos hablando de una filosofía secular que cree en un dominio físico y un dominio no físico.

Ya hemos hablado un poco de Platón. Platón no creía que el mundo físico fuera la realidad última. De hecho, pensó que, en el mejor de los casos, era la realidad secundaria. El mundo físico siempre está cambiando y, por lo tanto, no puede ser objeto de conocimiento, porque sea lo que sea lo que sabemos, es inmutable. El objeto del conocimiento, dice Platón, no está en proceso de cambio. Pero dado que este mundo siempre está cambiando, entonces el objeto último del conocimiento no puede ser este mundo. Debe ser otro mundo, uno que no sea como este mundo cambiante de tiempo y espacio.

Recuerde lo que dijimos antes sobre el dos. Si escribo el número 2 aquí en la página, eso no es el dos. Es solo un símbolo numérico que representa dos, el dos en sí no se pueden encontrar en este mundo. No es algo con lo que pueda golpearse el dedo del pie. El dos es de un orden diferente.

Así es el concepto de humanidad. La humanidad no existe en este mundo, aunque los humanos sí. La patosidad no existe en este mundo, pero los patos sí.

Lo que dijo Platón es que debe haber un ámbito para todas estas ideas, la idea de dos, la idea de humano, la idea de pato. Ahora bien, hubo una pequeña inconsistencia en el pensamiento de Platón que es algo cómico. Platón se avergonzaba de decir que había una forma o idea para algunas cosas. No creía que hubiera forma de pelo, verrugas o caca. Pensó que no había necesidad de un formulario para esas *cosas*. Pero para todos los conceptos nobles como bondad, justicia, belleza, verdad, pato, jirafa, humano, hay un reino de ideas donde se encuentran.

En este mundo, entonces, encontramos a Huey, Dewey y Louie en el estanque y los patos en el cielo, aunque eso no es exacto porque decir "cielo" suena religioso, y en realidad no era religioso. En cambio, era un reino de ideas distinto de las instancias particulares de estas diversas cosas que encontramos en este mundo.

Vamos a pasar a refutar a Platón, pero tenga en cuenta que hay muchas personas que no se llamarían a sí mismas "platonistas", pero que tienen el mismo problema básico. Quieren decir que existe este cosmos físico, materia en movimiento. Pero también quieren creer en algo como el amor, la justicia o el juego limpio. Puede que no sean tan sofisticados como Platón en el desarrollo de este reino de las formas y la relación entre las formas y las cosas en este mundo.

Bajo la piel, son hermanos filosóficos de Platón. Pero aunque existen otras versiones del idealismo, la versión más rigurosa en la historia del pensamiento occidental es la de Platón. Entonces, si podemos lidiar con él, el tipo más duro de la cuadra filosófica, por así decirlo, entonces también deberíamos poder lidiar con los otros.

Platón dice que hay un reino de patos, caballos, justicia, amor y triangularidad. De hecho, todo en lo que pueda pensar, a menos que sea de mala reputación (como las verrugas) tiene una forma en ese ámbito. Pero en este mundo de tiempo y espacio, encontramos particulares, tres patos particulares: Huey, Dewey y Louie en el estanque. Los particulares están en este mundo y los universales están en el reino de las formas o ideas.

¿CÓMO LO SABE?

Ahora bien, ¿qué pregunta nos inclinaríamos a hacerle a Platón? Siempre debe preguntar, "¿Cómo lo sabe?" ¿Cómo sabe Platón que hay otro reino? De hecho, Platón cae directamente en manos del apologista en este punto, porque su respuesta, a diferencia de lo que podrían decir otras personas menos sofisticadas, sería: "Nunca he visto ese otro reino, porque no está abierto a los sentidos. Pero debe haber tal reino. Es una necesidad racional. Si no hay otro reino como ese, entonces no podemos dar sentido a nuestra experiencia".

> La primera persona que refutó a Platón fue su mejor alumno, Aristóteles. Su respuesta fue así: "¿De qué sirve una forma inmutable fuera de este mundo?"

La primera persona que refutó a Platón fue su mejor alumno, Aristóteles. Su respuesta fue así: "¿De qué sirve una forma inmutable fuera de este mundo?" Nunca encontramos estas formas, estas ideas. Entonces, ¿cómo pueden ayudarnos a explicar cualquier cosa? En particular, ¿cómo pueden explicar *el movimiento*? La característica más penetrante del mundo en el que vivimos es el movimiento, pero en el reino de las ideas tienes estos bloques inmutables, por así decirlo, de triangularidad, amor y justicia. ¿Cómo nos ayudan a explicar lo que sucede en este mundo?

En cierto sentido, Aristóteles fue la primera persona en decir que alguien tenía una mente tan celestial que no servía para nada terrenal. En la filosofía de Platón, hay leyes de lógica, leyes de moralidad, valores morales inmutables, bondad y justicia, etc, pero no tienen ninguna relación con este mundo. ¿Cómo pensaba Platón que se relacionaban con el mundo del tiempo y el espacio? Él dijo: "Las cosas de este mundo participan en su forma".

Lo mejor que pudo hacer Platón para explicar esto es describirlo como diferentes actores que participan en un papel. Todos los patos del mundo están, por así decirlo, probando ser patos. Todos están haciendo el papel de patos. Hay muchos actores, pero solo un papel. Para explicar la naturaleza de la realidad recurre a una metáfora.

Pero ¿cómo terminan las formas informando al mundo material? Los patos, después de todo, están hechos de materia. Puede pensarlo de esta manera: su madre está haciendo galletas y extiende la masa. Ella tiene un pequeño cortador de galletas en forma de pato, viene y pone el cortador de galletas en la masa. Ahora tenemos tres galletas con forma de pato. Pero ¿y si su madre nunca juntara el cortador de galletas y la masa? ¿Alguna vez tendremos patos o galletas con forma de pato? No.

Platón no puede simplemente decir que hay otro reino de ideas, como la justicia y la estupidez, etc. Debe poner ese reino de ideas en contacto con el mundo físico en el que vivimos. Platón lo sabía. Y cuando lo presionaron sobre cómo las formas informan el mundo físico, dijo que no sabía y tuvo que recurrir a un mito, una historia que ni siquiera creía que fuera literalmente cierta. Dijo que el **Demiurgo** impuso las formas en el mundo material hace muchos años.

El mayor filósofo idealista de la historia del pensamiento occidental no sabía cómo se relacionan sus formas y los particulares de este mundo. Pero no puede tener una cosmovisión que diga arbitrariamente: "Es como si diferentes actores interpretaran un solo papel o como el Demiurgo haciendo galletas".

EL RETORNO DE ARISTÓTELES AL MATERIALISMO

Eso no funciona filosóficamente, y es por eso que su más grande discípulo, Aristóteles, tomó una dirección completamente diferente. Aristóteles dijo: "No me importa nada que exista fuera del espacio y el tiempo. Lo único que nos será útil son las cosas que existen en el espacio y el tiempo". Luego, por supuesto, hemos vuelto al materialismo; aunque Aristóteles técnicamente no era ateo. Aun así, su materialismo es equivalente al ateísmo, y puede empezar a tratarlo de esa manera.

> *Aristóteles se dio cuenta de que el intento de Platón de introducir ideas, conceptos de clase o leyes en sus explicaciones no podía justificarse.*

Aristóteles se dio cuenta de que el intento de Platón de introducir ideas, conceptos de clase o leyes en sus explicaciones no podía justificarse. Podía creerlo, pero no podía justificarlo, y por lo tanto no podía saberlo. Como dijimos en el capítulo anterior, para saber algo, debe tener una creencia verdadera justificada.

Las personas que son **idealistas** en el sentido típico estadounidense no son platónicos, pero creen en los ideales de buena voluntad, justicia, amor, juego limpio, etc. Cuando presente su metodología apologética contra el materialismo, probablemente le dirán: "No, creo en los absolutos morales". Incluso podrían decir que creen en Dios, y nos ocuparemos de eso más abajo. Pero podrían decir: "No hay Dios, pero creo en la justicia".

Lo que va a hacer es preguntarles, desde dentro de su cosmovisión, ¿cómo la justicia puede ser absoluta? En su cosmovisión, todo está cambiando, todo es subjetivo. No puede haber ninguna noción objetiva y absoluta de justicia que pueda aplicarse. Y si no hay justicia, entonces el mundo no será un lugar feliz.

Pero no hay ideales o ideas que puedan justificar. Si dicen: "No, realmente creo que existen", usted va a decir: "¿Dónde? ¿Cómo existen? ¿De dónde vienen?"

A veces pueden dejar de lado estas preguntas y decir: "Bueno, no sé de dónde vienen, pero no es importante". Su mejor pregunta para ellos es esta: "¿Cuál es la relación entre sus ideales y este mundo en el que vivimos?"

Ese es el problema que Platón no pudo responder. Es un problema que ningún idealista puede responder. Los idealistas son dualistas que creen en dos tipos de realidad, y la cuestión a la que siempre tendrán que enfrentarse es cómo relacionar los dos tipos de realidad entre sí.

Ahora alguien más puede decir: "Tengo una respuesta para eso. Tengo ideales, tengo leyes, tengo absolutos morales, y los tengo porque soy partidario de otro tipo de religión. Ahí va su apologética de cosmovisión, funciona con los ateos, es genial para los dualistas seculares. Pero no me tocará.

MISTICISMO TRASCENDENTE Y MORALISMO INMANENTE

He aquí un curso rápido de religiones comparada. Hay tres tipos básicos de filosofías religiosas. Puede haber otras formas de rebanar el pastel, pero esta funciona bien.

En primer lugar, están las religiones de **misticismo trascendente**. Las religiones de este tipo ponen énfasis en lo que va más allá de la experiencia del hombre. Estas son religiones trascendentes y son místicas en su perspectiva. Es decir, eventualmente abandonan la racionalidad y dicen que lo que gobierna la religión es algún tipo de intuición, iluminación o experiencia interna.

> *El misticismo trascendente es una filosofía religiosa que pone énfasis en lo que va más allá de la experiencia del hombre.*

Lo contrario de eso son las religiones de **moralismo inmanente**. En estas religiones, el énfasis no está en lo que trasciende la experiencia del hombre, sino en lo que está al alcance de la mano: lo inmanente, lo más próximo, cercano. Algunas de estas religiones son en realidad ateas, como el budismo. Rechazan cualquier realidad trascendente. Pero su énfasis, ya sean ateos o no, está en un dios o fuerzas religiosas que están al alcance de la mano, no fuera del cosmos (trascendente) o fuera de nuestra experiencia, sino que son una gran parte de nuestra experiencia.

Por esa razón, tienden a convertirse en religiones más moralistas que místicas. En lugar de enfatizar la iluminación interior, la intuición, los conceptos irracionales o alguna forma de contacto místico con Dios, enfatizan un código místico o ético que debe ser vivido. Queda, por preguntar, ¿cuál es la fuente de lo que constituye su código ético? Un buen ejemplo es el confucianismo. El confucianismo implica seguir las enseñanzas del maestro. ¿Cuál es la fuente de la enseñanza del maestro?

FALSIFICACIONES BÍBLICAS

Luego hay otras religiones que son **falsificaciones bíblicas**. Estas son religiones que han sido influenciadas de una forma u otra por la Biblia o son conceptualmente muy parecidas al enfoque bíblico de Dios, pero aun así son falsificaciones. Han pervertido la verdadera revelación de Dios de alguna manera. Hay tres subdivisiones en esta categoría que creo que sería útil recordar. Estas religiones tienden a ser **politeístas**, **unitarias** o **pseudo-mesiánicas**.

Primero, **politeísta** (poli/muchos + teísta/dios = muchos dioses). Estas religiones tienen una visión bíblica de Dios, que para nada es la visión bíblica, pero han recogido algunas cosas de la Biblia, aunque creen que hay muchos dioses. Los mormones, por ejemplo, hablan de Dios en formas que tienen conexiones con el cristianismo y, sin embargo, creen que hay muchos dioses.

También hay perversiones bíblicas **unitarias**, religiones que tienen una visión un tanto bíblica de Dios pero que no creen en la Trinidad. En cambio, creen que solo hay una persona que es Dios. El Islam es una de esas religiones, los Testigos de Jehová son otros, y también están los Pentecostales Unidos.

Las **pseudo-mesiánicas** tienen falsos salvadores. Tienen un líder a quien ponen en el lugar de Jesús. Uno de los ejemplos más notorios fue el difunto Sun Myung Moon, quien afirmó ser el tercer Mesías que toma el lugar del fallido segundo Mesías, Jesús.

Tenemos estos diferentes enfoques de las visiones del mundo. El materialismo ateo dice que solo hay un tipo de cosas y son físicas. El dualismo platónico dice que hay dos tipos de cosas, el cuerpo y el alma, las ideas y el mundo físico. Y ahora tenemos estas cosmovisiones religiosas de las cuales hay tres tipos: las que dicen que el énfasis debe estar en lo que trasciende la experiencia del hombre, las que se enfocan únicamente en la experiencia y la ética del hombre, y las que de alguna manera están imitando la Biblia (y de estos hay tres tipos, politeístas, unitarios y pseudo-mesiánicos.)

> *Las falsificaciones bíblicas pseudo-mesiánicas tienen falsos salvadores, tienen un líder a quien ponen en el lugar de Jesús.*

Si sabe cómo lidiar con cada una de estas categorías, será liberado de la esclavitud en la que se encuentran muchos apologistas, donde tienen que dominar todos los detalles de todas las religiones y filosofías antes de poder defender adecuadamente la fe. Si entiendes las posibilidades y categorías básicas, entonces, pase lo que pase, puede mantener a su oponente hablando y terminará tropezando porque usted sabe hacer las preguntas correctas.

Voy a repasar rápidamente estas opciones religiosas y tomaré un ejemplo y mostraré su refutación.

HINDUISMO

Primero, el hinduismo es el ejemplo sobresaliente de una religión de *misticismo trascendente* en la historia del mundo. Como hemos mencionado antes, los hindúes creen que este mundo es una ilusión. Todos estamos tratando de llegar al Nirvana, pero solo podemos llegar si meditamos y salimos de la rueda de la vida. En este mundo, todos estamos acumulando karma, pero algunos de nosotros estamos acumulando mal karma.

Después de que termine esta vida, nuestro karma, bueno o malo, determinará si volvemos como un oso hormiguero o un toro Brahma o si finalmente logramos entrar en el océano sin costa y ser empalmados de nuevo en la unidad de todas las cosas.

Ya hemos discutido esto, pero repasemos. Hare Krishna, aunque es posible que no quieran admitirlo, es realmente una variante del hinduismo, y la forma en que nos acercamos al seguidor de Hare Krishna en el capítulo anterior es también la forma en que se puede refutar al hindú. Si no hay distinciones, si todo es realmente uno, entonces en esa visión del mundo, ya estoy en Nirvana. Pero si el Nirvana es diferente de este mundo, entonces debe haber distinciones. Debe abandonar el Hare Krishna, o el hinduismo, o abandonar la lógica. Pero permítanme agregar un par de cosas a lo que dijimos allí.

Cada vez que alguien se le acerca para promover un punto de vista religioso, ¿qué necesita mantener preguntando? "¿Cómo lo sabes?"

Cada vez que alguien se le acerca para promover un punto de vista religioso, ¿qué necesita mantener preguntando? "¿Cómo lo sabes?" La tentación es pensar que si presiona al hindú preguntándole "¿Cómo lo sabe?", él va a decir "Está en el Bhagavad Gita", de la misma manera que si alguien me pregunta "¿Cómo sabe eso?" ¿Jesús es el Hijo de Dios?" Apelaré a la Biblia. Yo tengo la Biblia, ellos tienen el Bhagavad Gita, y es un enfrentamiento que no puede resolverse.

Lo primero que debe saber sobre el hinduismo es que no es una religión escritural, esto no quiere decir que no tienen textos sagrados, pero el Bhagavad Gita no funciona para el hindú en la forma en que la Biblia lo hace para el cristiano evangélico. Los hindúes no derivan sus normas morales, ni resuelven sus disputas apelando al texto de sus sagradas escrituras. El Bhagavad Gita ofrece una especie de lanzamiento literario para cualquiera que haya recibido la iluminación, pero no es una autoridad verbal racional como lo es la Biblia.

Pero incluso si lo fuera, ¿cuál sería su próxima pregunta? Si alguien dice: "Está en el Bhagavad Gita", usted dirá: "¿Pero por qué cree en el Bhagavad Gita?" Tal vez el hindú diga: "Bueno, ¿por qué *cree en* la Biblia?" Su respuesta será: "Porque sin la cosmovisión bíblica, no hay base para creer nada". Pero el hindú dice: "No, *tengo* una base para creer". Luego puede pedirle que abra el Bhagavad Gita y justifique las leyes de la lógica o la inferencia científica o los absolutos morales a partir de él. Eso va a ser difícil de hacer, ya que el Bhagavad Gita enseña que no existe una verdadera distinción entre el bien y el mal.

Aquí hay algo que es importante entender. A veces, las personas obtienen una muestra de lo que es el presuposicionalismo y luego piensan: "Eso es fácil de refutar. Cualquiera que tenga un libro religioso puede decir lo que usted está diciendo". Pero no han entendido el presuposicionalismo. No estamos diciendo: "Tenemos nuestro libro y es mejor que el tuyo". Esa no es nuestra defensa. Nuestra apologética es que *Dios se ha revelado a sí mismo*. Él es la máxima autoridad; por lo tanto, creemos sobre la base de Su Palabra, y si ellos no lo hacen, entonces serán reducidos a la locura. "¿Dónde está el escriba? ¿Dónde está el disputador de este siglo?", pregunta Pablo. "¿No ha enloquecido Dios la sabiduría de este mundo?" (1 Corintios 1:20-21).

La otra cosa que la gente piensa a veces es que si se trata de una cosmovisión *religiosa*, entonces se rige por reglas diferentes. Pero no es así, cuando la cosmovisión religiosa es presentada, se puede quitar el hecho de que es religiosa. En lo que a usted respecta, es una cosmovisión, y puede hacer la misma crítica interna y hacer las mismas preguntas difíciles. Cuando lo haga, encontrará que la gente no tiene una salida apelando al Bhagavad Gita.

BUDISMO

¿Qué pasa con las religiones de *moralismo inmanente*? Un ejemplo destacado de una religión de moralismo inmanente sería el budismo. El fundador del budismo, Gautama Siddhartha, creció en un ambiente hindú. Fue llevado a renunciar a una vida de lujo, renunció al mundo y luego tuvo una visión de cuatro visiones de paso. Según la tradición budista, vio a un anciano, un enfermo, un muerto y un monje afeitado. Esto lo llevó a unirse a un culto hindú ascético donde casi se mata a golpes.

Entonces decidió encontrar el significado del sufrimiento y cómo evitarlo. Así descubrió el Camino Medio, el camino medio entre el placer y el sufrimiento, esta iluminación le llegó debajo de una higuera donde, se dice, que Mara, el malvado del hinduismo, lo estaba tentando. Superó esa tentación y así se convirtió en el iluminado, que es lo que significa "Buda", y entró en un estado de éxtasis durante 49 días.

Ahora bien, según Buda, hay algo mal con la humanidad, a saber, que hay mucho sufrimiento. Buda dijo: "No quiero que creas lo que te voy a decir porque lo estoy diciendo. Quiero que lo creas porque lo experimenta". De inmediato, ha hecho de esto una religión de moralismo inmanente. Es inmanente porque dice: "No debe aceptar ninguna autoridad externa. No lo acepte porque lo digan los dioses; no hay dioses; No lo acepte porque yo lo digo, no tengo ninguna autoridad; acéptelo sólo porque es parte de su experiencia." El budismo niega lo sobrenatural, es ateo. Y es una religión de experiencia personal. Principalmente, hace hincapié en tener experiencias que eliminen el sufrimiento.

> *¿De dónde viene el sufrimiento en el budismo? Viene del deseo del hombre.*

¿De dónde viene el sufrimiento? Viene del deseo del hombre. La visión budista es similar, entonces, al estoicismo. El estoico dice: «La razón por la que se enoja y frustra es porque va contra corriente». Está en la autopista y hay mucho tráfico y su presión arterial sube porque quiere llegar a tiempo al concierto, pero debe dejar de tener el deseo de llegar a tiempo al concierto y entonces no habrá ninguna frustración.

De manera similar, Buda dijo: "Si no hubiera deseos humanos, no habría sufrimiento humano". Puede eliminar el problema si no desea nada. "El sufrimiento cesará cuando cese el deseo", dijo. El objetivo es el desapego perfecto. Estará perfectamente desapegado del mundo si sigue el Óctuple Sendero.

Fíjese en el molde moralista de esta religión: debe hacer esto y no hacer aquello, debe estar libre de lujuria, debe usar el lenguaje correcto, usted debe ser caritativo, no mate nada, obtenga el sustento de forma correcta, una que promueva la vida. Debe expresar la voluntad de vencer el mal. Debe ser consciente de que el cuerpo es repugnante. Debe meditar correctamente.

¿Cómo lidia con una religión de moralismo inmanente? Alguien le dice: "Realmente necesita entrar en el zen". "Está bien, ¿qué debo hacer?" "Bueno, hay cosas que no debe hacer y cosas que debe hacer. Es importante que medite. De hecho, lo mejor es que medite en estos *koans*,[38] como '¿Cuál es el sonido de una mano aplaudiendo?'"

¿Qué va a decir? «¿Quién dice eso?» Si la respuesta es "Buda, el iluminado, lo dijo", ya sabe qué decir: "Buda dijo que no creyéramos sobre la base de que él lo dijo". ¿Por qué creerle al maestro zen? Según Buda, se supone que no debemos creer en ninguna autoridad; se supone que debemos experimentarlo.

Ahora los apologistas budistas dicen: "Está bien, entonces debería creerlo porque lo experimenta". Pero no lo ha experimentado. "Bueno, entonces *debería* experimentarlo". ¿Pero por qué? Eso es lo que está tratando de averiguar:

---

[38] "Un koan es un acertijo o rompecabezas que los budistas zen utilizan durante la meditación para ayudarles a desentrañar grandes verdades sobre el mundo y sobre sí mismos."

¿Por qué debería experimentarlo? Tal vez no le gustaría. El budista le pide que apague su cerebro y tenga una experiencia. Este tipo de meditación, de hecho, apunta a la inconsciencia, al desapego perfecto, sin deseo, sin pensamiento y, por lo tanto, sin sufrimiento. Pero el problema no es solo que el budismo sea arbitrario: "Hágalo porque Buda lo dijo". Después de todo, si un budista dijera: "Así es como debe vivir su vida", esperaría que un confucionista dijera: "No, Confucio dijo que hiciera *esto*". ¿A quién vamos a seguir? Y luego están los taoístas y los sintoístas también. Cuando partimos del moralismo inmanente, hemos perdido nuestra autoridad religiosa y se vuelve totalmente arbitrario.

Pero también es inconsistente, lleno de contradicciones internas. Buda dijo: "El hombre no tiene alma, no hay alma en el hombre, pero debemos tener cuidado de no acumular mal karma". Pero ¿cómo puede haber mal karma si no hay un alma a la cual se vaya a transmitir? Buda responde tomando la ruta platónica y apelando a la metáfora y el mito: "Es como la vela parpadeante que pasa su llama a otra vela".

¿Pero esa llama *soy yo*? No, no lo soy, porque no hay alma que se transmita. Pero estoy transmitiendo mi mal karma a alguien. ¿Sabe a qué me llevaría eso? Comamos, bebamos y divirtámonos, porque mañana alguien va a pagar el precio. Si mi mal karma se va a otra parte, entonces ¿qué me importa el mal karma?

Todas las religiones de moralismo inmanente tropiezan con ese mismo tipo de dificultad. No pueden dar una razón autorizada para vivir de la forma en que se supone que debemos vivir. Y también implican incoherencias.

¿Qué pasa con las *falsificaciones bíblicas*? Los guardaremos para el próximo capítulo.

GLOSARIO

Demiurgo: No es un dios que interacciona con su creación, sino un ser indefinido responsable de la creación del universo. En la filosofía platónica el Artesano (el significado de Demiurgo) o Creador del mundo.

Idealismo: Lo opuesto al materialismo que sugiere la prioridad de los ideales de buena voluntad, justicia, amor, juego limpio, principios, valores y metas sobre realidades concretas.

Moralismo inmanente: En estas religiones, el énfasis no está en lo que trasciende (va más allá) de la experiencia del hombre, sino más bien en lo que está al alcance de la mano: lo inmanente, lo próximo, lo cercano.

Politeísmo: Una creencia en muchos (*poli*) dioses (*theos*).

Pseudo-mesiánico: falsos mesías.

Misticismo trascendente: Las religiones de este tipo ponen énfasis en lo que va más allá de la experiencia del hombre.

Unitarismo: en términos de teología cristiana, el término se refiere a la creencia de que Dios es una persona (*uni*: "uno") en oposición a la naturaleza trina (tri: del latín *tres* "tres") de Dios como un Dios en tres personas: Padre, Hijo y Espíritu Santo.

PREGUNTAS PARA DISCUSIÓN

1. ¿Cómo Aristóteles, el mejor alumno de Platón lo refutó?

2. ¿Cuáles son los tres tipos básicos de filosofías religiosas?

3. ¿Cuáles son los tres tipos de religiones bíblicas falsificadas? Dé un ejemplo de cada una.

4. Cuando alguien viene a usted tratando de promover un punto de vista religioso, necesita mantenerse haciéndole ¿qué pregunta? ¿Por qué?

5. "Sin la cosmovisión bíblica, no hay base para creer nada". conversar

6. ¿Las cosmovisiones religiosas tienen reglas diferentes a otras cosmovisiones?

7. Buda dice que no creamos en ninguna autoridad; la experiencia debe ser la base de lo que crees. ¿Cómo hace esto que la autoridad religiosa sea arbitraria?

8. ¿Cuáles son algunos ejemplos de contradicciones internas en las enseñanzas de Buda?

CAPÍTULO 11
RELIGIONES DE FALSIFICACIONES BÍBLICAS

Hemos dicho que sólo hay tres cosmovisiones básicas no cristianas. Hay cosmovisiones que equivalen al ateísmo materialista, e hicimos una crítica interna de ellas, tratando los temas filosóficos de inducción y deducción, mente, libertad y absolutos morales. También hay cosmovisiones que son dualistas, que creen que hay mente, cuerpo, fisicalidad; pero también ideas o conceptos, y usamos a Platón para nuestra ilustración. Encontramos que la versión secular del dualismo no funcionará porque no tiene forma de relacionar mente y cuerpo, no hay forma de explicar cómo las formas o ideas y el mundo físico entran en contacto. El dualista secular no puede relacionar estos dos reinos, excepto arbitrariamente.

Luego pasamos a las opciones religiosas, señalando que deben ser tratadas de la misma manera que cualquier otra cosmovisión. El hecho de que sean religiosas no cambia la forma en que evalúa.

En el último capítulo trataremos de religiones de *misticismo trascendente*, como el hinduismo, y religiones de *moralismo inmanente*, como el budismo y el confucionismo. Ahora, en este capítulo, abordaremos *las falsificaciones bíblicas*.

Las religiones de falsificaciones bíblicas se dividen en tres clasificaciones. Hay algunas que son *politeístas*, algunas que son *unitarias*, que rechazan la Trinidad de una forma u otra, y algunas que son *pseudo-mesiánicas*.

MORMONISMO: FALSIFICACIÓN BÍBLICA POLITEÍSTA

El ejemplo de una falsificación bíblica *politeísta* es el mormonismo. Que el mormonismo es politeísta ha sido demostrado más allá de toda duda. Los mormones incluso creen que pueden convertirse en dioses.[39] Los registros del condado de Bain Bridge, Nueva York, muestran que antes de que Joseph Smith asumiera el papel de profeta de esta nueva religión, fue juzgado y condenado por mirón de cristal. Un mirón de cristales es una especie de estafador que afirmara que al mirar a través de un cristal en particular (el método de Smith consistía en poner el cristal en su sombrero y poner su cara sobre el sombrero y luego mirar hacia el suelo) podía encontrar un tesoro enterrado o donde seria bueno cavar un pozo. Era un esquema para hacer dinero, y Smith fue condenado por ello. Los mormones son sensibles a este hecho. No lo mencionó como una forma de ridiculizar a los mormones, sino porque debe tener en cuenta que antes de que José Smith fuera considerado un profeta de Dios, era un hombre convincente y eso al menos plantea la posibilidad, ¿no? que encontró otra forma de estafar a la gente, esta vez usando la religión. Joseph Smith nació en 1805 en Vermont. Su familia se instaló en Nueva York cuando él tenía once años, se

---

[39] "Los Santos de los Últimos Días ven a todas las personas como hijos de Dios en un sentido pleno y completo; consideran a cada persona divina en origen, naturaleza y potencial. Cada uno tiene un núcleo eterno y es 'un amado hijo o hija espiritual de padres celestiales'. ["La familia: Una proclamación al mundo", Ensign o Liahona [nov. 2010], 129.]. Cada uno posee semillas de divinidad y debe elegir entre vivir en armonía o en tensión con esa divinidad. Mediante la expiación de Jesucristo, todas las personas pueden 'progresar hacia la perfección y, en última instancia, realizar su destino divino'". ("Llegar a ser como Dios", La Iglesia de Jesucristo de los Santos de los Últimos Días: http://bit.ly/3bwaLUI)

unieron a la iglesia presbiteriana, aunque él mismo no lo hizo. Parecía estar perplejo acerca de todas las diferentes denominaciones y así, según su historia, se fue al bosque a orar. Cuando tenía catorce años, afirmó que se le aparecieron dos personas en el bosque, y una de ellas dijo: "Este es mi hijo amado; Escúchalo." A Joseph se le dijo que no se uniera a ninguna iglesia, ya que todos estaban equivocados y todos sus credos eran una abominación.

Luego, en septiembre de 1823, tuvo otra supuesta visión. Esta visión se repitió dos veces en una noche. Un ángel llamado Moroni se acercó a él junto a su cama, afirmando ser el mensajero de la presencia de Dios y dijo que Dios tenía una obra para Smith. Se le dijo que había un libro escrito sobre planchas de oro, que daba cuenta de los antiguos habitantes del continente de América del Norte, y que la plenitud del evangelio eterno entregado por el Salvador a estos antiguos habitantes de América estaba depositada en una colina en las afueras del pueblo donde residía Joseph Smith. ¿Qué dice la biblia? Pablo nos dice en su carta a los cristianos de Galacia:

Estoy maravillado de que tan pronto os hayáis alejado del que os llamó por la gracia de Cristo, para seguir un evangelio diferente. No que haya otro, sino que hay algunos que os perturban y quieren pervertir el evangelio de Cristo. Mas si aun nosotros, o un ángel del cielo, os anunciare otro evangelio diferente del que os hemos anunciado, sea anatema. Como antes hemos dicho, también ahora lo repito: Si alguno os predica diferente evangelio del que habéis recibido, sea anatema. (Gálatas 1:6–9)

En contra de la advertencia de la Biblia, al día siguiente, según cuenta la historia, Joseph Smith salió y encontró estas planchas de oro en una caja de piedra, no se le permitió tomarlas, pero tuvo que regresar al mismo lugar el mismo día durante los siguientes cuatro años. Luego, en 1827, se le dio a cuidar de ellos.

Antes de este tiempo, se había fugado con una mujer llamada Emma Hale de Harmony, Pensilvania, porque su padre se negó a dar su consentimiento para casarse con una vidriera. Posteriormente, regresó a la casa de su suegro debido a la persecución que enfrentaba. Dice que entonces empezó a copiar símbolos y a traducir las planchas.

Un granjero de Nueva York llamado Martin Harris propuso publicar este libro que Smith estaba escribiendo, pero quería asegurarse de que las planchas de las que estaba traduciendo eran genuinas y que se estaban traduciendo correctamente. Smith le dio los caracteres que dice que copió de las planchas y la traducción de lo que afirmaba era el idioma "egipcio reformado" a Harris, quien supuestamente los hizo confirmar por el profesor Charles Anthon en la ciudad de Nueva York. No existe un idioma "egipcio reformado". Se dice que este profesor confirmó que los caracteres eran egipcios, caldeos, babilonios y árabes, lo cual es difícil porque ese no es realmente un idioma.

En 1829, el ex maestro de escuela Oliver Cowdery se convirtió en amanuense o secretario de Smith mientras traducía las planchas. Pero a Cowdery no se le permitió ver las planchas. Joseph Smith iba a un lado de una sábana que estaba colgada para impedir que alguien viera lo que estaba pasando detrás de ella, y desde allí dictaba su traducción y Cowdery, sentado al otro lado de la sabana, escribía.

> *Un profesor le dijo a Joseph Smith que había confirmado que los caracteres de las planchas eran egipcios, caldeos, babilonios y árabes, y algo llamado "egipcio reformado", que no es un idioma conocido.*

Un mes después de haber iniciado este proceso, fueron al bosque a orar y allí se nos dice que Juan el Bautista descendió como mensajero celestial y les confirió el sacerdocio de Aarón. Comenzaron a profetizar y a entender la Escritura. Más tarde, Pedro, Santiago y Juan les confirieron el sacerdocio de Melquisedec a orillas del río Susquehanna (a pesar de que la Biblia dice que el sacerdocio es solo para el Señor Jesús y que ya no hay necesidad de sacerdotes humanos) El 26 de marzo de 1830, el Libro de Mormón[40] salió a la venta.

El 6 de abril se organizó e incorporó oficialmente la Iglesia de Jesucristo de los Santos de los Últimos Días con seis miembros, el mayor con 31 años de edad. En un mes, tenían cuarenta miembros. Hicieron obra misionera entre los indios de Kirkwood, Ohio, y fue en ese momento cuando Joseph Smith recibió la revelación de Doctrinas y Convenios. También revisó la versión King James de la Biblia y luego recibió una revelación de que el condado de Jackson, Misuri, era "la tierra prometida y el lugar para

---

[40] "El Libro de Mormón es supuestamente un relato inspirado de los hebreos que salieron de Tierra Santa hacia América alrededor del año 589 a.C. Las inexactitudes históricas contenidas en el Libro de Mormón están bien documentadas [Gleason L. Archer, Jr., Survey of Old Testament Introduction (Chicago: Moody Press, 1974), 509-512]. Se han presentado pruebas que indican que un pastor jubilado llamado Solomon Spaulding fue el verdadero autor del Libro de Mormón. Aunque Spaulding pretendía que esta obra fuera una novela, José Smith tuvo acceso a ella tras la muerte de Spaulding y la proclamó revelación divina". [Walter Martin, El laberinto del mormonismo (Santa Ana, CA: Vision House, 59)]. Phil Fernandes, The Fernandes Guide to Apologetic Methodologies (Bremerton, WA: IBD Press, 2016), 390-391. Véase también J. N. Andrews, "A Brief History of Mormonism", The Present Truth I:4 (agosto de 1884), 50-51: http://bit.ly/38oxwb5

la ciudad de Sión". Por esa razón, muchas personas se establecieron en Independence, Missouri.

Sin embargo, las turbas los atacaron. Esto condujo a un cambio del lugar de la ciudad de Dios a Far West, Missouri. Después de varias batallas entre los colonos y los mormones, intervino la milicia estatal, Smith y algunos otros líderes mormones fueron encarcelados. Escaparon y se mudaron a Illinois. En 1839, se estableció la ciudad de Nauvoo en el río Mississippi y se organizó el pequeño ejército llamado la Legión de Nauvoo. Cuando un periódico anti-mormón publicó un artículo desfavorable para los mormones en el área, José Smith ordenó que se destruyera la imprenta y que se quemaran todas las copias del periódico.

Luego se presentó una denuncia ante el gobernador del estado que condujo al arresto de Joseph Smith. Más tarde fue puesto en libertad, pero luego fue arrestado de nuevo con su hermano. En ese momento, una multitud atacó la cárcel en Carthage, Illinois, y mataron a Smith.
En mi opinión el martirio de Joseph Smith contribuyó al éxito de la iglesia mormona. Ahora tenían un mártir, y los corazones apasionados aman a un mártir. Entonces, Joseph Smith se convirtió en un héroe para sus seguidores y para quienes se unieron a la nueva religión.

"EN LA MEDIDA EN QUE ESTÉ TRADUCIDO CORRECTAMENTE"

Hagamos ahora nuestra pregunta: ¿Con qué autoridad enseñan los mormones lo que enseñan? Según el Artículo 8 de sus Artículos de Fe, leemos: "Creemos que la Biblia es la palabra de Dios *en la medida en que esté traducida correctamente*". Esta es la doctrina mormona. Es parte de su visión del mundo. Su teoría del conocimiento se basa en Dios revelándose a nosotros y la creencia de que Él se ha revelado en la Biblia, siempre que la Biblia esté traducida correctamente. Eso debería decirle algo. La traducción mormona no es objetiva, no es algo que pueda verificarse públicamente. Para los mormones, la traducción es realmente una forma de mayor revelación.

> *La traducción mormona no es objetiva, no es algo que pueda verificarse públicamente. Para los mormones, la traducción es realmente una forma de mayor revelación.*

Hay un individuo seleccionado que sigue un procedimiento que nadie puede verificar dos veces, y debe aceptar su palabra de que ha hecho la traducción correctamente. El verdadero trabajo de traducción bíblica lo realiza un comité de eruditos que verifican y vuelven a verificar su trabajo con los idiomas originales. Si la iglesia mormona logra determinar que la Biblia está "traducida correctamente", entonces la iglesia mormona puede hacer que diga lo que quiere que diga para conformarse a la doctrina mormona.

Los mormones continúan diciendo en su Artículo: "También creemos que el Libro de Mormón es la palabra de Dios". ¿Nota que no agregan "siempre y cuando esté traducido correctamente"? ¿Por qué? Porque, según la historia, la traducción del Libro de Mormón fue inspirada. Eso pone al Libro de Mormón por delante de la Biblia. La Biblia, o su versión de la Biblia, debe compararse con el Libro Mormón.

Es importante entender que la revisión de la Biblia de Joseph Smith es mucho más que una traducción corregida. Es, de hecho, una reescritura de la Biblia a la luz de sus nuevas revelaciones. En Génesis 3, según la traducción corregida, encontramos que Satanás incluye una oferta a Dios para redimir a la humanidad de su futura rebelión. En Génesis 6, tenemos a Adán siendo bautizado por inmersión y una larga profecía de Enoc, sobre quien solo tenemos un comentario pasajero en el original. También dice que la capacidad de un hombre para reproducirse sexualmente se basa en su caída en el pecado. Sorprendentemente, en la traducción corregida de Génesis 50 tenemos una predicción de la aparición de Joseph Smith.

Se debe leer el Libro de Mormón. Cuando las personas le dicen que tienen una revelación de Dios, en lugar de debatir las formalidades de si la tienen o no, a veces es útil seguir adelante y mirar lo que dicen que es la Palabra de Dios. Si lee la Biblia y la compara con el Libro Mormón, está claro que lo que afirman no es una revelación de Dios. No tiene autoridad, ni poder de convicción, ni capacidad de persuasión. Ni siquiera parece ser particularmente religioso.

También hay contradicciones obvias entre el Libro de Mormón y la Biblia. De acuerdo con Deuteronomio 13 y 18, debemos probar toda revelación adicional dada por Dios de acuerdo con la revelación anterior, porque Dios no se *contradice así mismo*. Si Él da más revelación, no va a cambiar de opinión. Si la revelación adicional contradice la revelación anterior, sabe que es falso.

¿El Libro Mormón y los demás documentos mormones oficiales armonizan con la revelación anterior? Los mormones nos dicen, después de todo, que la Biblia es la revelación de Dios.

UNA PLURALIDAD DE DIOSES Y CONTRADICCIONES

Según la enseñanza de los mormones, existe una pluralidad de dioses. Cada uno de estos dioses tiene su propio universo. Las mujeres que contraen matrimonio celestial tendrán el privilegio de tener hijos por toda la eternidad. Estas almas de bebés que llevan entrarán en cuerpos humanos a medida que los cuerpos humanos estén disponibles. Las personas que viven de acuerdo con las enseñanzas del Libro de Mormón y participan en el matrimonio celestial y algunas otras cosas extrañas tienen la perspectiva de llegar a la divinidad y tener uno de estos universos como propio. El Dios de este mundo, según los mormones, es Adán, y todos los dioses son seres materiales en lugar de espirituales y sufren cambios.

¿Enseña la Biblia que Dios es un ser material? ¿Enseña la Biblia que Dios cambia? ¿La Biblia llama a Adán el dios de este mundo? No.

Cuando el mormón comience a presionarlo, señale esas contradicciones. Alguien tiene razón y alguien está equivocado. Obviamente, el Libro de Mormón y otras enseñanzas mormonas oficiales contradicen la Biblia, por lo tanto, están equivocadas.

¿Qué pasa si dicen: "Pero su Biblia ha sido corrompida por todos estos charlatanes y estafadores"? "Durante años se salieron con la suya, y lo que tenemos es la verdad. Joseph Smith, el profeta de Dios, que posee el sacerdocio de Aarón y Melquisedec, fue inspirado en su traducción para que ustedes puedan confiar en él"? La Biblia deja en claro que Jesús es el Sumo Sacerdote (Hebreos 4:14–16). Según la doctrina mormona, existe una contradicción directa con la Biblia.

> *Cuando el mormón comience a presionarlo, señale esas contradicciones. Alguien tiene razón y alguien está equivocado. Obviamente, el Libro de Mormón y otras enseñanzas mormonas oficiales contradicen la Biblia, por lo tanto, están equivocadas.*

EGIPCIO REFORMADO EL IDIOMA DESCONOCIDO

¿Cuáles son los idiomas del Libro Mormón? Por supuesto, solo estamos tratando con ellos en base a lo que ellos mismos dicen. Recuerden lo que dijimos antes: Cuando el incrédulo hable, se dará suficiente cuerda para ahorcarse. Los idiomas del Libro de Mormón son tales que no podrían traducirse sin un milagro adicional. De hecho, en el Libro de Mormón 9:32–34, los mormones admiten que el "egipcio reformado" no es un idioma humano conocido: "Ningún otro pueblo conoce nuestro idioma".[41]

Recuerde que Martin Harris quería saber si estas placas de oro eran reales y la respuesta que le dieron fue que las placas estaban en "egipcio reformado". En algún momento entre esa historia y la escritura de 9:32–34, obviamente, Joseph Smith se topó con algunos problemas, uno de los cuales es que el "egipcio reformado" no existe como idioma.

---

[41] "Y ahora, he aquí, hemos escrito este registro según nuestro conocimiento, en los caracteres que se llaman entre nosotros el egipcio reformado, siendo transmitidos y alterados por nosotros, según nuestra manera de hablar. Y si nuestras planchas hubieran sido suficientemente grandes, habríamos escrito en hebreo; pero el hebreo también ha sido alterado por nosotros; y si hubiéramos podido escribir en hebreo, he aquí que no habríais tenido ninguna imperfección en nuestro registro. Pero el Señor sabe las cosas que hemos escrito, y también que ningún otro pueblo conoce nuestra lengua; y puesto que ningún otro pueblo conoce nuestra lengua, por eso ha preparado medios para su interpretación" (Mormon 9:32–34, en línea: https://www.churchofjesuschrist.org/study/scriptures/bofm/morm/9.32-34?lang=eng).

Donde no hay copias manuscritas para que los eruditos estudien, discutan y traduzcan, nos quedamos con la palabra de un hombre. Olvide el hecho de que él era un hombre convincente. Debemos aceptar la palabra de un hombre, estas placas existieron y estaban en un idioma que no es un idioma humano y que él las tradujo milagrosamente por inspiración. Curiosamente, ha habido muchos cambios en el Libro de Mormón desde que se publicó la edición original en 1830, muchos cambios, a pesar de que se suponía que la edición original era una traducción inspirada.

Según 9:33, el hebreo habría sido el idioma más perfecto, pero las placas no eran lo suficientemente grandes para la escritura hebrea. A lo que usted podría responder: "¿No podría su dios dar placas lo suficientemente grandes para la escritura hebrea si ese es realmente el idioma más perfecto?" (Por cierto, no tenemos ningún otro registro de escritura en placas de metal desde la antigüedad. Sin embargo, según los mormones, el Antiguo Testamento se puso una vez en planchas de bronce alrededor del año 600 a. C.)

Los mormones le están contando una historia, pero ni siquiera pueden contar la historia directamente. Cuando Martin Harris tuvo preguntas acerca de si esas placas eran falsas o no, supuestamente fueron a la ciudad de New York y un profesor de lingüística confirmó su traducción. Pero ahora leemos que "ningún otro pueblo conoce nuestro idioma". Si eso es cierto, ¿cómo hizo el profesor Anthon lo que dicen que él hizo?

Para empezar, tiene el problema de que Joseph Smith fue originalmente un estafador. Además de eso, no pueden mantener la historia clara. Pero aparte de estos dos problemas, si una religión afirma que la Biblia es la Palabra de Dios y luego quiere agregar algo, su apologética es directa, usted va a mostrar que la Biblia no apoya su revelación adicional sino que está en conflicto con ella. No pueden tenerlo en ambos sentidos.

> *Todo se reduce a elegir entre creer una historia que alguien contó y lo que se puede verificar públicamente. Si elige creer lo que alguien le dice, eso es simplemente ser arbitrario.*

La respuesta mormona a esa apologética es decir: "No tiene la Biblia, nosotros tenemos una traducción inspirada y usted no". A lo que va a decir: "Todo se reduce a que crea una historia sobre un hombre que tenía placas que nadie más podía ver y que traducía un idioma que ningún otro ser humano en la tierra conoce, supuestamente de una manera inspirada. Realmente no se trata de elegir entre revelaciones que están objetivamente disponibles y abiertas al examen público. Todo se reduce a la palabra de Joseph Smith contra toda la evidencia pública que tenemos de la integridad del manuscrito de las Escrituras, su traducción, etc.

Eso significa que se trata de una elección entre creer una historia que alguien contó y lo que se puede verificar públicamente. Si elige creer lo que alguien le dice, eso es simplemente ser arbitrario. Hemos hablado de estos grandes errores en la filosofía, la arbitrariedad y la inconsistencia, y ahora hemos visto que el mormonismo es culpable de ambos.

Compare lo que sabemos sobre el origen del Libro de Mormón a partir del testimonio de un hombre, con lo que dice la Biblia sobre la metodología de investigación que usó Lucas por medio del Espíritu Santo para escribir su evangelio:

> Puesto que ya muchos han tratado de poner en orden la historia de las cosas que entre nosotros han sido ciertísimas, tal como nos lo enseñaron los que desde el principio lo vieron con sus ojos, y fueron ministros de la palabra, me ha parecido también a mí, después de haber investigado con diligencia todas las cosas desde su origen, escribírtelas por orden, oh excelentísimo Teófilo, para que conozcas bien la verdad de las cosas en las cuales has sido instruido. (Lucas 1:1-4).

Lucas menciona múltiples testigos presenciales y "muchas pruebas convincentes" al relatar la historia del ministerio de Jesús y la iglesia hasta el encarcelamiento de Pablo (Hechos 1:3; 28:30–31). El apóstol Pablo ofrece un testimonio similar de que Jesús "se apareció a Cefas", Pedro, "luego a los doce. Después de eso, Él se apareció a más de quinientos hermanos a la vez, la mayoría de los cuales permanecen [vivos] hasta ahora [en los días de Pablo], pero algunos durmieron", es decir, murieron; "luego se apareció a Santiago, luego a todos los apóstoles" (1 Corintios 15:5–7). Esto está muy lejos de lo que Joseph Smith afirmó que fue el origen del Libro de Mormón. No hay testimonio de testigos oculares de la historia de los supuestos eventos históricos.

ISLAM: UNA FALSIFICACIÓN BÍBLICA UNITARIA

Quizás alguien pueda hacerlo mejor con una revelación adicional. Miremos el Islam. Mientras que el mormonismo es un ejemplo de falsificación bíblica politeísta, el Islam es una falsificación bíblica unitaria. Los musulmanes rechazan la Trinidad y creen que la doctrina de la Trinidad es idolatra. Solo hay un Dios que es una sola persona, y su nombre es Allah. Su mensajero o profeta fue Mahoma. Cuando Mahoma, el supuesto profeta de Dios, comenzó a promover el Islam, los árabes de la época adoraban a muchos dioses, uno de los cuales se llamaba Allah. Mahoma dijo que Allah era, de hecho, el único Dios y que había que renunciar a los demás dioses. Eso lo metió en problemas, por lo que terminó huyendo a la ciudad de La Meca y le siguieron muchas guerras. La historia del Islam desde su mismo comienzo ha estado llena de derramamiento de sangre y guerras y evangelización por la espada.

El libro sagrado del Islam es el Corán o Quran. ¿Qué es el Corán y cómo surgió? Es bueno investigar estas preguntas, porque uno de los puntos que señalará un apologeta musulmán es que no hay variantes en el Corán como lo hay en la Biblia. Con la Biblia, tenemos varias tradiciones de manuscritos que tienen lecturas algo diferentes. La ciencia de la crítica textual se ha desarrollado para observar estas variantes y decidir cuál es más probable que sea el original. Nada de esto afecta las principales doctrinas, por lo que en realidad no es tan importante, pero existen variantes. Los musulmanes le dirán: "No tenemos variantes en el Corán, por lo que el Corán es superior a la Biblia". Por esa razón, debemos recordar de dónde proviene el Corán y su propia historia textual. Mahoma entraba en una cueva y, a veces, en esa cueva, quedaba atrapado en un éxtasis religioso. Incluso muchos eruditos musulmanes le dirán que es probable que fuera epiléptico. Sea ese el caso o no, alguien podría decir que Allah usó los ataques epilépticos para hacer llegar su palabra a Mahoma. Así que eso no tiene que descalificar su testimonio automáticamente.

Cuando recibía estas supuestas revelaciones de Allah, gritaba y tenía que escribirlas y algunas de ellas tenía que recordarlas. En ese momento, no tenían material bueno para escribir. Resulta que el Corán originalmente se componía de partículas de revelación escritas en huesos y hojas, a veces papiro, aunque no con frecuencia. Un día, alguien tuvo que juntar todo esto y hacer un libro. Probablemente no le sorprenda, entonces, que en los primeros días de esta nueva religión había diferentes tradiciones en cuanto a lo que Mahoma realmente decía.

Eso resultó ser vergonzoso para los musulmanes, por lo que en el tercer califato de este nuevo movimiento religioso y social, todas las traducciones variantes fueron pedidas bajo pena de muerte y una tradición fue elegida como la original y el resto fueron destruidas. Así es como los musulmanes realizaron el milagro de no tener variantes literarias.

LAS CINCO DOCTRINAS PRINCIPALES DEL ISLAM

Hay cinco doctrinas principales del Islam. Primero, Allah es el único Dios verdadero. Segundo, Allah ha enviado muchos profetas para guiar a los hombres, y Mahoma es el último y el más grande de estos profetas. Tercero, de los cuatro libros inspirados, el Pentateuco (la ley de Moisés), los Salmos, el Evangelio de Jesús y el Corán, el Corán es el más importante. Esto significa que el propio Corán reconoce el Pentateuco, los Salmos y el Evangelio de Jesús como revelaciones anteriores.

Si un musulmán dice que el Corán sigue una larga línea de revelaciones de Allah, incluidas partes de la Biblia que afirma que están inspiradas, su crítica interna puede comenzar allí: "Vayamos a esas partes de la Biblia y comparémoslas con el Corán". O incluso, "Veamos lo que tenemos en común. Estudiemos la ley de Moisés y los Salmos y hablemos de su teología", y luego pueden discutir el pecado humano y la necesidad de la expiación por sangre y asuntos por el estilo.

> *El Corán contiene varias enseñanzas interesantes, una de las cuales es que Jesús no murió en la cruz, Judas lo reemplazó.*

El Corán contiene varias enseñanzas interesantes, una de las cuales es que Jesús no murió en la cruz, Judas lo reemplazó. Dice que la madre de Jesús fue Miriam, la hermana de Moisés, confusión que probablemente surgió porque sus nombres suenan parecidos, y el Corán estaba basado en una tradición *oral*. Hasta el día de hoy, esto sigue siendo una vergüenza para los eruditos del Corán. La mejor respuesta que he escuchado es que Maria era una mujer *como* Miriam, y por eso se confunden. Más importante aún, también hay un conflicto doctrinal entre las enseñanzas de Moisés, David y Jesús y lo que dijo Mahoma. Ahora bien, si la enseñanza de Moisés es inspirada, y si Deuteronomio 13 y 18 les dice que las revelaciones futuras deben juzgarse de *acuerdo* con las revelaciones anteriores, y si la supuesta revelación futura del Corán está en conflicto con la revelación anterior de Moises, ¿cuál debe irse? Por su propia lógica, ¿cuál debe irse? El Corán.

Quienes defienden la cosmovisión del Islam no pueden vivir de acuerdo con su propia cosmovisión. Existe esta incoherencia. ¿Los musulmanes a quienes se les muestra esa inconsistencia dicen: "Estamos equivocados y ahora vamos a seguir a Jesús"? El Espíritu Santo puede usar ese testimonio y a veces eso sucede, pero no con frecuencia. La respuesta que suele darse es que tenemos una traducción incorrecta de la ley de Moisés. Allah le dio a Mahoma la habilidad de corregir las perversiones anteriores de su palabra. Lo que tiene aquí es un tipo de contrato que dice: puede elegir uno, dos, tres y cuatro, siempre que no haya conflictos entre los primeros tres, y el cuarto gobernará cualquier cosa que haga de uno, dos y tres. La ley de Moisés, los Salmos y los relatos evangélicos de Jesús son revelaciones anteriores, pero cada vez que encontramos un conflicto entre ellos, se ha determinado de antemano que la última revelación, el Corán, corregirá las supuestas revelaciones anteriores. Esto significa que en realidad no se está honrando la autoridad de las revelaciones anteriores. Lo que están diciendo es que sigue el Corán porque todo lo que difiere del Corán debe desaparecer. Según el Corán, Allah es un ser tan diferente de cualquier cosa en este mundo, tan trascendente, tan más allá de la experiencia humana que nada en el lenguaje humano y nada en la experiencia humana puede describir correctamente a Allah. Pero entonces, si nada en la experiencia humana o el lenguaje puede describir correctamente a Allah, ¿qué es el Corán?

Lo que eso significa, entonces, es que si cree en el Corán, entonces no puede ser lo que dice que es. Si el Corán tiene razón acerca de Allah , entonces el Corán no puede ser el libro que dice ser y hablar de este ser trascendente Allah .

EL PSEUDO-MESIANISMO

También podríamos discutir la tercera categoría de religiones de falsificaciones bíblicas, el *pseudo-mesianismo*. Jesús profetizó durante Su ministerio que habría "falsos profetas" (Mat. 24:11; también, 1 Juan 4:1) y "falsos Cristos" (Mat. 24:5, 24–26) antes de la destrucción de Jerusalén que tuvo lugar en el año 70 DC a manos de los romanos antes de que muriera esa generación (24:34; Lucas 21:32).

Tal como lo predijo Jesús, hubo falsos mesías en el primer siglo. Simón afirmó ser llamado "el gran poder de Dios" (Hechos 8:9–11). Simón "hacía mucho tiempo que los asombraba con sus artes mágicas" (8:11), que ciertamente entran en la categoría de "grandes señales y prodigios". Alexander Keith, en su estudio de la destrucción de Jerusalén en el primer siglo, escribió que "Dositeo, el samaritano, fingió ser el legislador profetizado por Moisés".[42] Había tantos impostores que se aprovechaban de la credulidad de la gente que bajo la procuraduría de Félix (Hechos 23:24), "muchos de ellos eran apresados y asesinados todos los días. Sedujeron a gran número de personas que todavía esperaban al Mesías; y, por lo tanto, bien podría nuestro Salvador advertir a sus discípulos contra ellos."[43]

En Hechos 13:6 leemos acerca de Elimas, a quien se describe como "un mago" y "un falso profeta judío" que estaba trabajando para apartar a la gente "de la fe" (13:8). Esto se parece mucho a lo que Jesús dijo que sucedería en esa generación del primer siglo: "para engañar, si fuere posi-

---

[42] Alexander Keith, *Evidencia de la Verdad de la Religión Cristiana*, Derivada del Cumplimiento Literal de la Profecía; Particularmente Ilustrada por la Historia de los Judíos y por los Descubrimientos de Viajeros Recientes. (Edinburgh: William Whyte & Co., 1844), 60.

[43] Thomas Newton, *Disertaciones sobre las Profecías*, que se han cumplido notablemente, y en este momento se están cumpliendo en el mundo. (London: J. F. Dove, 1754), 333.

ble, aun a los escogidos" (Mateo 24:24).

Se pensaba que Pablo era "el egipcio que hace algún tiempo provocó una rebelión y llevó al desierto a cuatro mil sicarios" (Hechos 21:38). La gente buscaba una figura mesiánica que pudiera rescatarlos de la tiranía de Roma y de la organización religiosa corrupta (Mateo 13:14-21). El historiador judeo-romano Flavio Josefo (37-100 C.) escribe lo siguiente en el relato de su testimonio ocular sobre la destrucción de Jerusalén que tuvo lugar en el 70 d. C:

Un falso profeta fue la ocasión de la destrucción de este pueblo, quien había hecho proclamación pública en la ciudad ese mismo día, de que Dios les mandó subir al templo, y que allí recibirian señales milagrosas de su liberación. Ahora bien, hubo entonces un gran número de falsos profetas sobornados por los tiranos para convencer al pueblo, que le decían esto a ellos, que esperaran la liberación de Dios. ..."[44]

[P]or un tal Jonatán, persona vil, y de oficio tejedor, vino allí y prevaleció con un número no pequeño de los más pobres que le prestaron atención; también los condujo al desierto, prometiéndoles que les mostraría señales y apariciones ...[D]estos muchos fueron asesinados en la lucha, pero algunos fueron capturados vivos y llevados a Catulo.[45]

Hay una larga historia de falsos pretendientes mesiánicos. Parece que casi todas las generaciones tienen uno o

---

[44] Flavius Josephus, *Wars of the Jews,"* 7.5.2.
[45] Flavius Josephus, *Wars of The Jews*, 7.11.10.

dos.⁴⁶ Por ejemplo, en las décadas de 1980 y 1990, Sun Myung Moon (1920–2012) afirmó ser el tercer Mesías. Jesús supuestamente fracasó en su tarea, por lo que Moon había venido a hacer el trabajo que Jesús no logró y crear una nueva familia celestial. Moon dijo que "cuando tenía quince años, Jesús lo ungió para llevar a cabo su obra inconclusa al convertirse en padre de toda la humanidad". En 1954, Moon fundó la Asociación del Espíritu Santo para la Unificación del Cristianismo Mundial en Seúl, Corea del Sur, basándose en su versión de enseñanzas conservadoras y orientadas a la familia basadas en nuevas interpretaciones de la Biblia.

Moon enseñó que la humanidad cayó espiritualmente cuando Eva tuvo relaciones sexuales con Lucifer, y que la humanidad cayó físicamente cuando Eva tuvo relaciones sexuales con Adán. Moon instruyó a sus discípulos que Jesús murió prematuramente, habiéndo provisto sólo para la salvación espiritual del hombre. Según Moon, Jesús no pudo proporcionar la salvación física para la humanidad al crear una familia que heredaría Su naturaleza sin pecado. Murió antes de poder tener una familia así. Ahora, depende de Moon salvar físicamente a la humanidad...

Al testificar a los seguidores de Moon, se debe señalar que la Biblia enseña que la caída de la humanidad se debió a la desobediencia de un mandato claro de Dios (Génesis 3:1–6). No tenía nada que ver con el sexo. Las Escrituras enseñan que Jesús no falló, y Él logró la salvación completamente para la humanidad (1 Pedro 2:24; 3:18; Hebreos 10:14; Mateo 20:28).⁴⁷

Aquí, también, si usted hace el mismo tipo de pregun-

---

⁴⁶ "Lista de proclamados mesías": https://en.wikipedia.org/wiki/List_of_messiah_claimants
⁴⁷ Fernandes, *The Fernandes Guide to Apologetic Methodologies*, 402–403.

tas que hemos estado haciendo a las otras visiones del mundo, encontrará que este tipo de religión se desmorona cuando comparamos sus doctrinas con la Palabra de Dios. ¿Qué estándar usó Moon para establecer sus credenciales como el mesías? R: Él mismo. Esto demostró que sus pretensiones mesiánicas eran arbitrarias. ¿Qué religión decía representar? La religión cristiana. Tal declaración era inconsistente y contradictoria cuando se la comparaba con el testimonio de las Escrituras.

Cualquiera que afirme ser el Mesías como se describe en las Escrituras siempre será arbitrario, inconsistente y contradictorio, ya que la Biblia es clara en cuanto a que Jesús es el cumplimiento de todas las promesas y profecías mesiánicas.

PREGUNTAS PARA EL ANÁLISIS

1. Cuente brevemente cómo Joseph Smith afirmó haber encontrado las placas de oro que se convirtieron en el Libro de Mormón.

2. ¿Cómo contradice el mormonismo lo que escribe el apóstol Pablo en Gálatas 1:6–9 y lo compara con Lucas 1:1–4, Hechos 1:1–4 y 1 Cor. 15:1–8?

3. ¿Cómo afecta la crítica de la doctrina de la Iglesia Mormona el requisito de que la Biblia es la Palabra de Dios solo cuando está *traducida correctamente*?

4. ¿Qué es el Corán y cómo surgió?

5. ¿Cuáles son las cinco doctrinas principales del Islam?

6. Según el Islam, ¿quién murió en la cruz? ¿Cómo se compara esta contradicción con la Biblia?

7. Nombre algunas otras creencias islámicas que contradicen la Biblia.

8. ¿Qué dice la Biblia acerca de los falsos Cristos?

GLOSARIO

Conocimiento A *priori:* conocimiento que viene antes de la experiencia en este mundo.
Apologética: No significa disculparse por ser cristiano. (1) "La aplicación de la Escritura a la incredulidad (incluyendo la incredulidad que permanece en el cristiano). El estudio de cómo dar razón de la esperanza que hay en nosotros a los que preguntan (1 Pedro 3:15)."[48]
Aristóteles: Rechazó la afirmación de Platón de que las cosas físicas eran representaciones de formas perfectas idealizadas que existían en otro plano de la realidad. Aristóteles esperaba que la esencia de un objeto existiera con la misma cosa.
Pensamiento Autónomo: Pensar autónomamente (del griego: *auto* (yo) + *nomos* (ley) = ley para uno mismo) significa que el individuo está "sujeto solo a sus propios criterios de verdad, libre de ignorar los de Dios".[49] JI Packer escribe lo siguiente: "El hombre no fue creado autónomo, es decir, libre para ser una ley para sí mismo, sino teónomo, es decir, obligado a guardar la ley de su Hacedor".[50]
Mendigar la pregunta: Una falacia lógica que asume la respuesta que necesita ser probada. También se conoce como razonamiento circular o argumento circular. En las últimas cuestiones, los argumentos circulares son necesarios. Por ejemplo, el uso de la razón se utiliza para probar la realidad de la razón. La debe usar para probar la constancia de la lógica. "Todas las visiones del mundo se basan en última instancia en el razonamiento 'circular'

---

[48] John M. Frame, *Apologetics: A Justification of Christian Belief* (Phillipsburg, NJ: Presbyterian and Reformed Publishing Co., 2015), 289–290

[49] Frame, *Apologetics*, 48.

[50] J. I. Packer, *Concise Theology: A Guide to Historic Christian Beliefs* (Carol Stream, IL: Tyndale House Publishers, [1993] 2001), 91.

para las preguntas fundamentales".[51]

Conductismo: La doctrina psicológica que dice que los seres humanos actúan como están condicionados a actuar. El conductista dice que todo el comportamiento humano es el resultado teóricamente predecible del condicionamiento antecedente, de modo que ustedes son, por así decirlo, ratas blancas desarrolladas.

Capital prestado: "La verdad conocida y reconocida por el incrédulo. No tiene derecho a creer o afirmar la verdad basado en sus propias presuposiciones, sino solo en las cristianas, por lo que sus afirmaciones de la verdad se basan en capital prestado".[52]

Inferencia categórica: Una persona hace un juicio sobre si algo es o podría ser miembro de una determinada categoría.

Cogito, ergo sum: en latín, "Pienso, luego existo".

Deconstruccionismo: toda lectura de un texto es una mala lectura del texto, porque es imposible volver a la intención original del autor. Por lo tanto, toda interpretación literaria es realmente la persona que hace la lectura aportando sus propias ideas a un texto.

Inferencia deductiva: se basa en las leyes de la lógica. Cuando deducimos conclusiones, tomamos las leyes de la lógica y las verdades que sabemos, y hacemos operaciones sobre estas verdades de acuerdo con las leyes de la lógica y sacamos otras conclusiones.

Deísmo: Dios existe pero no interactúa con su creación.

Demiurgo: No es un dios que interactúa con su creación sino un ser indefinido responsable de la creación del universo. En la filosofía platónica el Artesano (el significado de Demiurgo) o Creador del mundo.

Determinismo: el determinista sostiene que todo, cada

---

[51] Joel McDurmon, *Biblical Logic in Theory and Practice* (Powder Springs, GA: American Vision Press, 2009), 150.

[52] Frame, *Apologetics*, 290.

evento que tiene lugar, es teóricamente predecible si conoce todas las causas antecedentes (previas) para ello.

Dualismo: Significa que hay dos tipos de realidad: mente y materia, o espíritu y cuerpo.

Dubito, ergo sum: en latín, "dudo y, por lo tanto, debo existir para dudar".

Empirismo: La opinión de que la experiencia sensorial es la base del conocimiento humano, ver es creer.

Epicureísmo: Argumenta que el placer es el principal bien de la vida. Por lo tanto, Epicuro abogó por vivir de tal manera que se obtuvo la mayor cantidad de placer posible durante la vida, pero hacerlo con moderación para evitar el sufrimiento incurrido por la indulgencia excesiva en tal placer.

Epistemología: Teoría del conocimiento. ¿Cuál es la naturaleza y características propias de los límites del conocimiento humano? ¿Cómo sabe lo que sabe?

Existencialismo: Nada gobierna lo que será. Viene a este mundo a existir y luego elige lo que será: "La existencia precede a la esencia". Nada determina su esencia desde el exterior. Jean-Paul Sartre: "¿Qué significa aquí decir que la existencia precede a la esencia? Quiere decir, ante todo, que el hombre existe, aparece, aparece en escena y, sólo después, de definirse a sí mismo; si el hombre, tal como lo concibe el existencialista, es indefinible, es porque en un principio no es nada. Sólo después será algo, y él mismo habrá hecho lo que será...No hay naturaleza humana, ya que no hay Dios para concebirla. El hombre no sólo es lo que se concibe a sí mismo, sino también lo que él mismo quiere ser después de este impulso hacia la existencia. El hombre no es otra cosa que lo que él hace de sí mismo. Tal es el primer principio del existencialismo."[53]

---

[53] Jean-Paul Sartre, "Existentialism and Humanism," *Existentialism from Dostoyevsky to Sartre*, ed. Walter Kaufman, Meridian Publishing Co., 1989.,

Regla de oro: El principio de tratar a los demás como quiere que lo traten. Jesús dijo: "En todo, pues, tratad a los demás como queréis que os traten a vosotros, porque esta es la Ley y los Profetas" (Mat. 7:12).
Hedonismo: La búsqueda del placer, autocomplacencia sensual.
Idealismo: Dice que la idea de algo está fuera de este mundo, la idea de la humanidad está fuera de este mundo, la idea del amor está fuera de este mundo; en este mundo, todo lo que tenemos en el mejor de los casos son aproximaciones.
Idealismo: Lo opuesto al materialismo que sugiere la prioridad de los ideales de buena voluntad, justicia, amor, juego limpio, principios, valores y metas sobre realidades concretas.
Moralismo inmanente: En estas religiones, el énfasis no está en lo que trasciende (va más allá) de la experiencia del hombre, sino más bien en lo que está al alcance de la mano: lo inmanente, al alcance de la mano, cercano.
Individuación: El proceso a través del cual una persona logra un sentido de individualidad separado de las identidades de los demás y comienza a existir conscientemente como ser humano en el mundo. ¿Qué le hace diferente a mí? ¿Qué hace que dos cosas de una clase en particular sean diferentes entre sí?
Inferencia inductiva: toma algo que hemos experimentado en el pasado y lo proyecta hacia el futuro.
Creencia iterada: una creencia sobre las creencias de una persona.
Leyes de la Lógica: Más que un conjunto de reglas abstractas para pensar correctamente. Las reglas y la confiabilidad de la lógica son una extensión de la naturaleza de Dios. Lo que es verdad de la lógica es verdad de todo. Johannes Kepler usó la frase "pensar los pensamientos de Dios después de Él". Hay una dimensión ética de la

lógica que se encuentra en el Noveno Mandamiento: "No levantarás falso testimonio contra tu prójimo" (Ex. 20:16) la lógica consiste en decir la verdad.

Marxismo: es algo diferente del conductismo en que no se enfoca tanto en la psicología humana, y lo que hace que los individuos hagan lo que hacen. Sino más bien en ciertas fuerzas históricas, en particular, las fuerzas económicas y los medios de producción utilizados en una sociedad particular. — que determina el resultado de esa sociedad en su conjunto.

Atomismo materialista: Dice que hay un número infinito de partículas de realidad, pero todos están hechos de materia. La realidad está hecha de materia física, y esa materia física se descompone en fragmentos de materia cada vez más pequeños. Esa es la visión que más se acerca a la perspectiva común de nuestra cultura actual. Es la visión que prevalece en las ciencias en la universidad, y es lo que la mayoría de la gente da por sentado hasta que comienza a presionarlos sobre las implicaciones de su cosmovisión. **Maya**: Todo es ilusión.

Metafísica: El estudio de la naturaleza de la realidad. ¿Qué hay más allá del mundo físico? ¿Cuál es la naturaleza del mundo en que vivimos? ¿De dónde viene? ¿Cuál es su estructura? ¿Qué cosas son reales? ¿Dios existe? ¿El hombre tiene alma? ¿Existe una vida después de la muerte?

Naturalismo: También se le conoce como "ateísmo, materialismo científico y humanismo secular... La creencia más fundamental de la que emanan todas las demás es que la naturaleza o la materia es todo lo que existe. Siempre ha existido, o llegó a existir de la nada. No hay nada fuera o antes de la naturaleza, es decir, el universo material que es estudiado por la ciencia moderna, no hay Dios ni sobrenatural."⁵⁴

Neo-ortodoxia: Una reacción al liberalismo, enseña que la Biblia no es la Palabra de Dios, sino una serie de proposiciones que se deben creer para que se *conviertan en* la Palabra de Dios para la persona que la lee y actúa en consecuencia. De esta manera se encuentra y experimenta la verdadera Palabra (Jesús). Muchos de los eventos registrados en la Biblia no son históricos (ej. La resurrección de Jesús) y no necesitan serlo. No hay un estándar fijo de verdad.

Nirvana: Un estado trascendente de dicha donde no hay sufrimiento, deseo o sentido del yo. La persona se libera de los efectos del karma y del ciclo de muerte y renacimiento.

Panteísmo: De dos palabras griegas, *pan* que significa "todo" y *theos* que significa "Dios". Según las Escrituras, Dios es distinto de Su creación: "En el principio Dios creó los cielos y la tierra" (Gén. 1:1). Si el cosmos dejará de existir, Dios seguiría existiendo. El panteísmo enseña que todo es uno, por lo tanto, todo es dios. Todas las cosas componen lo que algunas personas afirman que es "dios".

Filosofía: Técnicamente, el amor (*philo*) a la sabiduría (*sophia*). Como disciplina académica, la filosofía es el estudio de la fuente fundamental y la naturaleza del ser, conocimiento, realidad y existencia.

Platón: Creía en entidades abstractas (las Formas) o Ideas y negaba la realidad material del mundo físico. Platón consideró el mundo material sólo como una imagen o copia del mundo real donde estas formas o ideas residen fuera del mundo real.

Ética política: (también conocida como moralidad política o ética pública) es la práctica de emitir juicios morales sobre cuestiones políticas y agentes políticos a partir de

---

⁵⁴ Terry Mortenson, *"The Religion of Naturalism,"* Answers in Genesis (May 5, 2017): https://bit.ly/2UrBDxD

cosmovisiones operantes. La Biblia tiene mucho que decir acerca de la ética política o civil.
Politeísmo: Una creencia en muchos (*poli*) dioses (*theos*).
Pragmatismo o escepticismo: el pragmático o el escéptico es el filósofo que observa a todas estas otras escuelas de pensamiento discutir y dice: "¿A quién le importa?"
Presuposición: "Una 'presuposición' no es cualquier suposición en un argumento, sino un compromiso personal que se mantiene en el nivel más básico de la red de creencias de cada uno. Las presuposiciones forman una perspectiva fundacional de amplio alcance (o punto de partida) en términos de los cuales se interpreta y evalúa todo lo demás. Como tales, las presuposiciones tienen la mayor autoridad en el pensamiento de uno, son tratadas como las creencias menos negociables y se les otorga la mayor inmunidad a la revisión".[55]
Pseudo-mesiánico: falsos mesías.
Racionalismo: Del latín *ratio* "razón". (1) La opinión de que la razón humana es el juez final de lo que es verdadero y falso, correcto e incorrecto. (2) La posición filosófica de que se debe confiar en la razón humana por encima de la experiencia sensorial humana.

Pista falsa: una falacia informal que se usa para distraer al argumentador desviar "la atención del tema en cuestión al señalar una línea de pensamiento no relacionada pero fuertemente convincente". El nombre descriptivo proviene de una historia popular sobre el uso de un pez de fuerte olor para desviar la atención de un perro de caza a perseguir a la presa equivocada.
Monismo espiritual: Dice que la realidad se compone de un solo tipo de cosas (por eso se llama "monismo", Uno-is-

---

[55] Greg L. Bahnsen, *Van Til's Apologetic: Readings and Analysis* (Phillipsburg, NJ: Presbyterian and Reformed, 1998), 2, note 4.

mo). Todo es uno, y el único tipo de cosa en lo que consiste todo es de carácter espiritual, no físico, no material.

Stoicheia: más a menudo traducida como "elementos", la palabra griega se refiere a los componentes básicos o principios fundamentales del aprendizaje, no se refiere a los elementos de la Tabla Periódica.

Estoicismo: "La virtud es el único objetivo que vale la pena y un hombre virtuoso, mediante el uso de la razón correcta, puede descubrir su lugar adecuado en el universo y alcanzar la felicidad en cualquier circunstancia".[56]

Estoicismo: Los estoicos creían que hay un tipo de realidad física y una realidad mental o espiritual. El estoico, sin embargo, tendía a ser moralista. Decían que en este mundo no puede evitar las circunstancias en su vida, pero en lugar de luchar contra las circunstancias, debe dejarse llevar. Lo que sea que le esté sucediendo en este mundo, debe aceptarlo y ser firme al respecto, tener compostura y continuar con su vida. Mientras luche contra el flujo de la vida y lo que le espera en este mundo, será infeliz y frustrado.

La Ilustración: "El título dado al desarrollo del pensamiento en Europa y América a finales de los siglos XVII y XVIII. Esencialmente, la Ilustración fue la expresión del intento del hombre moderno de romper con el dominio del dogma basado en la revelación divina y de ejercer su propia razón con total autonomía".[57]

Trascendencia (bíblica): La visión de que Dios existe por encima e independientemente de todo lo que Él creó (contra el **panteísmo**) y, sin embargo, es cognoscible actúa en y entre Su creación (contra **el deísmo**).

Trascendencia (no bíblica): El argumento de que Dios está tan lejos de nosotros que no podemos conocerlo o

---

[56] Cairns, *Dictionary of Theological Terms*, 436.
[57] Alan Cairns, *Dictionary of Theological Terms*, 3rd ed. (Greenville, SC: Ambassador Emerald International, 2002), 146.

hablar verdaderamente de Él. En este sentido, los teólogos modernos a veces dicen que Dios es "totalmente otro" o "totalmente oculto".

Misticismo trascendente: Las religiones de este tipo ponen énfasis en lo que va más allá de la experiencia del hombre.

Unitarismo: en términos de teología cristiana, el término se refiere a la creencia de que Dios es una persona (*uni*: "uno") en oposición a la naturaleza trina (*tri*: del latín *tres* "tres") de Dios como un Dios en tres personas: Padre, Hijo y Espíritu Santo.

Utilitarismo: Aumentar la felicidad en este mundo para el mayor número de personas sin tener en cuenta los mandatos morales o un estándar fijo para determinar lo que es bueno o malo en última instancia. El utilitarista dice que debe hacer lo que sea mejor para la mayoría de las personas. La mayor felicidad para el mayor número es lo que debe regir nuestro libre albedrío. Debe hacer todo lo que conduzca al bien de todos, tanto como pueda.

Cosmovisión: Una red de presuposiciones que no son probadas por la ciencia natural, en términos de los cuales se relaciona toda experiencia e interpretación que incluye presuposiciones sobre la naturaleza de Dios, el hombre, el mundo, cómo sabemos lo que sabemos y cómo se supone que debemos vivir nuestras vidas.

Más libros de
GREG L. BAHNSHEN

El Dr. Greg L. Bahnsen ha sido descrito como el hombre al que más temen los ateos. Su debate de 1985 con el difunto activista del ateísmo y el escepticismo religioso Gordon Stein ha sido apodado El Gran Debate y sigue siendo un punto de referencia clásico en la apologética cristiana. Si quieres entender cómo defender la fe contra toda oposición, entonces Presionando la antítesis es un buen punto de partida.

Más libros de
CORNELIUS VAN TIL

Cornelius Van Til (1895-1987) fue un filósofo y teólogo reformado holandés-estadounidense, a quien se le atribuye el origen de la apologética presuposicional moderna. Graduado de Calvin College, Van Til más tarde recibió su doctorado de la Universidad de Princeton. Durante cinco décadas fue profesor de apologética en Westminster Theological Seminary. Autor de varios libros que incluyen: Una teoria cristiana del conocimiento, La doctrina protestante de las Escrituras y El pastor reformado y el pensamiento moderno.

Nuestra meta es equipar a cada creyente con literatura de un *sólido* contenido bíblico que le permita profundizar en la Palabra de Dios y crecer en la madurez cristiana.

Síguenos en redes sociales
como **@montealtoes**

Puedes *adquirir* nuestros libros en:
www.montealtoeditorial.com

www.ingramcontent.com/pod-product-compliance
Lightning Source LLC
LaVergne TN
LVHW040044080526
838202LV00045B/3478